YAGYO

夜行奇談

東亮太

RYOTA AZUMA

角川書店

K　N

はじめに

世の中には時々、常識では説明がつかないような、得体の知れない不気味な話がある。

例えば、誰もいないはずの家の中で人の足音がしたとか、箱にしまったはずの人形がいつの間にか外に出ていたとか、海の上を小さな子が集団で歩いていたとか——。

そういった得体の知れない出来事に遭遇すると、人は決まって、その正体を突き止めようと考える。たとえ科学的に解明できなくとも、幽霊とか狐狸（こり）とか神様とか、何でもいいから自分が納得できそうなものを想像して、正体にしようとする。

おそらくは、得体さえ知れれば、怖さが紛れるからだろう。

さてこの『夜行奇談』には、五十を超える「得体の知れない話」が収められている。いずれも僕が何年もかけて収集し、怪談として再構築したものだ。

得体が知れない以上、どれも不気味で不可解で、このままではどうにも座りが悪い。いや、もちろん怪談なのだから、不気味で不可解でも構わないのだが——。

しかし今回はその一話一話に、敢えて「得体」を添えてみることにした。

もっとも得体と言っても、あくまで僕なりの解釈に過ぎない。実際のところ、ここに集められた話の数々をどのように捉（とら）えるかは、皆さん一人一人の自由だと思う。

怪談は、怖いけれども楽しいものだ。ぜひあれこれ想像しながら、お楽しみいただければ幸いである。

もくじ

第一話　切り株

樹が祟る――という話が全国的にある。

神社のご神木のような信仰対象はもちろんだが、道路の傍らに立つ何でもないような樹が祟りを為した、という話も多い。そういう樹は、実は道路ができる前からそこに在って、切り倒すと障りがあるので、仕方なくそのまま残してある――というケースが多いようだ。

現在C県に在住のMさんという会社員のかたから聞いた話も、そのような不思議な樹にまつわるものだ。

以前Mさんが住んでいた家の近くに、大きな松の樹が立っていた。

車と歩行者が行き交う橋のたもとに、まるで狭い歩道を押し潰すかのようにして聳えるその松は、年季が入って黒ずんだ幹をぐねぐねと折り曲げながら、空に向かって手を広げるように、ずっしりと佇んでいた。

歩行者から見ればえらく邪魔な代物だ。Mさんも毎日この橋を渡るのに、手前に広がる松の根を迂回しなければならず、少し不便に感じていた。

とは言え、これだけ古い樹ともなれば、何か謂れがある貴重なものかもしれない。となれば撤去も難しいのだろう――。Mさんはそう思い、不満を呑み込んでいた。

一方で、気になることがあった。

橋を渡った向こう側——ちょうど対岸のたもとに、そちらは大きな松の切り株が一つある。手前側の松と同じく、歩道を押し潰すようにして、今なお巨大な根を広げている。

何とも不可解に思えた。あちらはどうせ切り株だけなのだから、撤去すればいいのではないか——。橋を渡るたびにそう考えていたMさんは、ある時、町内会で親しくなった近所の人にそう漏らした。するとその年配の男性は、わずかに声を潜めて、こう答えた。

「あの切り株、わけありなんですよ……」

何でも道路工事の際に切り倒したところ、その日から作業員が次々と変事に見舞われたらしい。現場での事故はもちろん、急病や身内の不幸、火事や落雷など……。とにかく異変が相次ぎ、「樹の祟りだ」と騒ぎになった。そこで神主を呼んでお祓（はら）いをし、「せめて切り株のままでもいいから残そう」ということになったのだという。

「反対側にも松の樹があるでしょ。あれ、夫婦松（めおとまつ）って呼ばれてて、切り倒された樹とペアみたいなものでね、かなり古くから川を挟んで、あそこに立ってるんですよ」

年配の男性はMさんに、そう教えてくれた。

なるほど、片方の樹を切って祟りに見舞われた関係者が、さらなる祟りを恐れて、もう片方には手をつけなかったのだ。だから、健在な樹と切り株が川を挟んで向かい合うという、奇妙な図が出来上がってしまっているわけである。

話として筋は通る。ただ——実はもう一つ、Mさんには気になっていることがあった。

Mさんは会社へ行くのに、いつもこの道を通る。聳える松の脇を抜け、橋を渡って、対岸の切り株の横を通り過ぎ、駅へ向かう。その切り株に——。

時々、老人が一人座っているのだ。

真っ白な着物を着て、真っ白な髪をダラリと垂らした、しわくちゃの老爺（ろうや）だ。それが切り株に腰をかけ、ぼうっとした顔で川の方を眺めている。

晴れた日にいることが多い。何をするでもなく、何を話すでもなく、視線をやや上に向け、口を半開きにして、じっとしている。

いわゆる徘徊（はいかい）老人かとも思ったが、いつもそこにいるから、迷子になっているわけでもないらしい。だいたい通る人も、誰もその老人のことなど気にしていない。町内会の人にそれとなく聞いてみても、「さあ、そんな人いましたっけ」と返される。

……もしかしたら、自分以外の人間には、あの老人が見えていないのかもしれない。

ふとそんな妄想に駆られたことも、一度ではなかった。

そんな折——町内で突然、「切り株を撤去しよう」という動きが持ち上がった。

住民の世代が変わってきたこともあって、謂れがどうこうよりも、ただ通行の不便さが叫ばれるようになっていた。とにかく「あの切り株をそのままにしてあるのは行政の怠慢だ」と、市民グループが音頭を取り、さっそく署名運動が始まった。

もっとも、撤去に反対する声も少なくなかった。町内会は二つに割れた。Mさんはギスギスした空気の中で迷いながらも、何となく嫌な予感がして、署名を断った。

それから数日は、何事もなく過ごした。

Mさんが「それ」を見たのは、週末の土曜日のことだ。

昨夜の残業で終電を逃し、明け方になって駅からの道を歩いていたMさんは、橋に近づいたところで、ふと足を緩めた。

切り株に、あの老爺が座っていた。よく晴れた早朝だった。

老爺は相変わらず川の方を向いて、視線をやや上げて座っていた。いつもと違うところと言えば、普段は大樹の側から来るMさんが、今日は朝帰りのために切り株の側から来たということだ。

老爺の背中を見たのは初めてだった。

Mさんは、何とはなしに、老爺の視線を追った。

老爺の目は、対岸の松を見上げていた。

そこに――老婆が一人、ぶら下がっていた。

聳える松の天辺に、両手両足で太い枝をつかみ、猿のように逆さまになっていた。

真っ白な着物と白髪を垂らし、老婆もまた老爺をじっと見下ろしていた。

Mさんは慌てて目を逸らすと、すぐさま来た道を戻り、遠回りして家に戻った。そして一週間もしないうちに家を引き払い、会社のそばにある中古のマンションに引っ越した。

それから数ヶ月後。あの切り株が撤去されたというニュースが、地方新聞の片隅に小さく載っていたそうだ。

あの時署名をした人達がどうなったのか、Mさんは恐ろしくて、まだ調べていない。

○木魅（こだま）

第二話　子さらい

僕がまだ小学生の頃のことだ。

同じクラスの、I君という男子が消えた。

突然学校に来なくなった。最初は病欠かと思ったが、次の日も、また次の日も姿を見せないので、「いったいどうしたんだろう」と生徒達の間で騒ぎになった。

事故に遭ったとか、転校したという話も聞かない。それなら先生が何か言うはずだが、特にこれといった通達はない。

「今日はI君は休みですね」

「今日も休みですね」

そんな出欠確認を何日か繰り返し、一週間もすると何も言わなくなった。まったく得体の知れない話だった。

子供特有の無邪気な悪意から、「I君は死んだ」という噂も流れた。だがそれだって、学校から何の報せもないのはおかしい。

結局――僕達は何も真相を知らされないまま、I君の存在を忘れていった。

後から思えば、夜逃げだったのかもしれない。何か家庭内で深刻な事情があって、家族揃って行方を晦(くら)ませたのだ。先生もそれを小学生に説明するのは難しいと感じ、誤魔化した――。

なるほど、これなら筋が通りそうだ。……が、実はこれも違っていた。それが分かったのは、今から数年前の同窓会でのことだ。

I君が現れたのだ。まったく何食わぬ顔で、ひょっこりと。

僕達は驚いて、大人になったI君を取り囲んだ。そこでI君から、当時の事情を聞くことができた。

I君はあの時、失踪者として、家族から捜索願が出されていたそうだ。つまり夜逃げではなく、純粋に行方不明だったわけだ。

ところが——奇妙なことに、I君はそんな自分の説明に納得していなかった。

「でもさ、あの時俺、行方不明ってことになってたけど……。変なんだよ。俺ずっと家にいたから」

I君は、自分はずっと家にいて、普通に暮らしていたのだと言った。学校にも通っていたという。なのにある日、学校から帰ったところを警察に取り囲まれ、「保護」されたのだそうだ。

「親父もお袋も泣きながら抱きついてきてさ、意味分かんなかったよ。俺、毎日普通に顔合わせてたんだよ?」

ただ——その「保護」よりも一年ほど前に、I君は妙な体験をしていたという。

「そういえば……変なおっさんが家に来てさ、俺を連れ出したんだよ。夜中、だった気がする」

不思議なことに、その辺のI君の記憶は曖昧だった。ただ「変なおっさん」に夜中に家から連れ出され、近所を少しうろうろして、それからまた家に帰されたそうだ。その時I君は、「大事な会合だ」とか「男の子だから」とか、よく分からないことを言われたらしい。

その「変なおっさん」は、いったいなぜI君を連れ出したのか。家族がいる家に夜中にやってきて、どうやって連れ出せたのか。そもそも、その「変なおっさん」は何者だったのか……。

分からないことだらけだった。だが、その「変なおっさん」がI君を連れ出した夜は、きっと、

Ｉ君が学校に来なくなったあの日の前夜だったに違いない――。僕達の誰もが、Ｉ君の話を聞きながら、そう感じていた。

ちなみにＩ君は、今は普通に会社員として暮らしていると言って、家族の写真を見せてくれた。奥さんと、幼い男の子が一人写っていた。

幸せそうに見えた。だから、誰もそれ以上は、込み入った話を聞こうとはしなかった。

ただ――本当はもっと根掘り葉掘り聞くべきだったのかもしれない。なぜ保護された後、学校に戻ってこなかったのか。なぜ先生は黙っていたのか。

それに……Ｉ君は今回の同窓会の招待状を、誰からどうやって受け取ったのか。

もう少し詳しく探っていれば、その後の「事件」も起こらなかったかもしれない。


数日後、Ｉ君が逮捕されたとの報せが入った。容疑は誘拐未遂だった。

何でも、同窓会で会った旧友の子供を、家から連れ出そうとしたらしい。

夜中に、家に忍び込んで。

幸いすぐ両親に見つかったため、その場で取り押さえられ、子供は無事だった。Ｉ君は警察の取り調べに対して、「会合が」とか「男の子だから」とか、よく分からないことを言い続けたそうだ。

ともあれ未遂ということもあって、この事件は示談で済まされた。

今、Ｉ君は自分の子供をさらって、去年から行方不明になっている。

○天狗（てんぐ）

第三話　おーい

都内の某ビル街に勤務する会社員のYさんが、昼休みに外食するため、表を歩いていた時のことだ。

初夏の、雲一つない快晴の日だった。

ふと頭上の方から、叫ぶ声が聞こえた。

「おーい」

甲高い、子供か女性の声のように思えた。

道を行く大半の人は、気にも留めなかった。わずかに数人が気にする素振りを見せたが、それでも足を止めることはなく、軽く空を振り仰いだだけに留(とど)まった。

Yさんだけが、足を止めて見上げた。

見上げた先には、誰もいなかった。

ビルの窓にも屋上にも、声を上げたような人影はない。

特に興味もなく、Yさんは再び歩き出した。

ところが少し歩くと、再び「おーい」と叫ぶ声がする。

声は、また頭上から聞こえた。

気にせずに歩く。大通りを渡って角を曲がったところで、またもや「おーい」と誰かが叫んだ。

やはり、頭上から聞こえた。

——あれ？

Yさんは、ようやく奇妙なことに気づいた。

もし誰かがビルの上から叫んでいるなら、こちらが歩けば、声は遠ざかっていくはずだ。

なのに——ついてきている。

声は必ず、Yさんの頭上から聞こえている。

まるでYさんを、追いかけるように。

「おーい」

またも聞こえた。Yさんは、足を速めて先を急いだ。

「おーい」

なのに、ついてくる。

「おーい」

——しつこい。

不安と苛立ちが、Yさんの中に同時に込み上げてきた。

「おーい」

「うるさい！」

気がつけばYさんは、空に向かって叫び返していた。

周りを歩いていた人が、何事かとYさんの方を振り向いた。もっとも目を向けただけで、足を止めた者はいなかったが。

Yさんは赤くなりながら、顔を下ろして歩き始めた。

声は、もう聞こえなかった。

その後会社に戻ってくると、上司が困惑した顔で話しかけてきた。
さっきから、誰もいないはずの屋上で、Yさんの声が聞こえているらしい。
「――うるさぃ！」
声はずっと、そう叫び続けているのだという。
Yさんは真っ青になったが、もはやどうすればいいのか、さっぱり分からなかった。
屋上の奇妙な声は、それから一時間ほど続いた。
しかし、あるタイミングを境にぱったりとやみ、それ以降は聞こえなくなった。
――きっと外で、誰か次の人が足を止めてしまったんだ。
Yさんは、そう思ったそうだ。

○幽谷響（やまびこ）

第四話　秋山の怪

紅葉の季節を迎えた、Ｋ県の某山での話だ。

登山を趣味にしているＷさんが、友人らと数人で、この山に登った。

早朝から入山し、色鮮やかに染まった山道を歩いていると、どこか離れた場所から、ガヤガヤと騒がしい声が聞こえてきた。

子供の声だ。それも、大勢のようである。

声はどれも、ずいぶんと楽しそうにはしゃいでいる。

学校の遠足かな、と思っていると、仲間の一人がふと呟いた。

「……何で、道のない方から聞こえてくるん？」

そう言われて、思わず全員が足を止めた。

確かに――声は、前でも後ろでもない、あらぬ方角から聞こえる。

どこだろう、と辺りを見回していると、不意に別の仲間が「あっ！」と叫んで、樹々の向こうを指差した。

見ると、小さな谷一つ隔(へだ)てた崖の上を、大勢の子供達がぞろぞろと歩いている。

どの子もなぜか、ボロボロの茶色い服を着て、顎が外れそうなほど大口を開けて笑っている。

何やあれ、と言いかけて、Ｗさんはとっさに口を噤(つぐ)んだ。

あの上は、人が歩けるような場所ではない――。

気づいたWさん達は無言になり、今目にしたものは忘れて、先に進むことに意識を集中させた。はしゃぎ声は、いつしか枯れ葉の擦れる音に紛れ、聞こえなくなっていた。

秋は多くの山で、こういう奇妙なことが、よく起こるという。

○ 山童（やまわらわ）

第五話　一度きりの話

登山を趣味にしている、都内在住のUさんの話である。

夏に、I県の某山に登った時のことだ。

上級者向けのハードな山ではあったが、頂上に着いた時の達成感は一入(ひとしお)である。頂(いただき)を示す標識の横に立ち、絶景をカメラに収めてから一息ついていると、ふと背後に気配を感じた。

振り返ると、大きな岩の陰に、一人のお婆さんが佇んでいる。

顔中にしわが刻まれた白髪のお婆さんで、草と泥で汚れた登山着姿で岩にもたれかかり、ニコニコ笑いながら、こちらを眺めている。

同じ登山者か――。

そう思ったものの、それにしては奇妙である。

この山は難所が多く、これほどの高齢者が山頂に至るのは、相当ハードルが高いはずだ。このお婆さんは、誰の助けもなしに、一人で登ってきたのだろうか。

不思議に思いながらも、Uさんは軽く会釈をした。

お婆さんはニコニコと笑みを浮かべたまま、無言である。

特に会話が始まることもなさそうだった。

やがて標識のそばに、他の登山者の一団が近づいてくるのが見えた。Uさんはその場を離れ、山を下りることにした。

お婆さんはニコニコと笑いながら、そんなUさんを無言で眺め続けていた。


それから数日が経ってのことだ。

すでに東京の自宅に戻っていたUさんが、夜更かしをしていると、不意に玄関のチャイムが鳴った。

夜中の二時を過ぎた時刻である。

何事かと思い、ドアスコープから外を覗いてみると、あの時のお婆さんが立っていた。

汚れた登山着姿で、やはりニコニコと笑っている。

——なぜここに来たのか。

——どうやってここが分かったのか。

——そもそも、何者なのか。

わけが分からなすぎて不安を覚え、Uさんは無視を決め込んだ。

チャイムが鳴ったのはその一回だけだったが、お婆さんはそれから二時間が経っても、まだドアの外にいたそうだ。

しかし明け方にはようやくいなくなり、その後、再び訪ねてきたことはないという。

一度きりの、奇妙な話——である。

○ 山姥（やまうば）

第六話

早朝に歩く

K県に在住の男性会社員のSさんが、もう十数年も前に体験した話だ。

当時Sさんは、太り気味の体型に気を遣って、早朝のジョギングを日課にしていた。近所のジョギングができる市民公園まで速足で向かい、コースを何周かして、それから速足で家に帰る……という流れだ。

何週間か続けていると、自然と顔見知りも出来る。同じジョギング仲間だけでなく、公園に犬の散歩をさせにきたという人も多かった。

しかしひとたび公園を出れば、そこにはまだひと気のない、静かな早朝の世界が待っていた。

そんなひっそりとした帰り道の途中で、Sさんはある時、奇妙なものに遭った。

始めは、音だった。

チャッ、チャッ、チャッ、チャッ……。

最初のうちは、アスファルトを蹴る自分の息遣いに紛れて気づかなかった。だが、次第に違和感を覚えて耳を澄ませると、すぐ近くで何かが鳴っているのが分かった。

チャッ、チャッ、チャッ、チャッ……。

それはSさんのすぐ後ろから聞こえていた。

何かが近づいている。早朝のひと気のない道を、Sさんの後ろをついて。

チャッ、チャッ、チャッ、チャッ……。

もっともSさんは、特に恐怖などは覚えなかった。夜中ならまだしも、今は早朝だ。周りも民家ばかりで、常に人が生活している場所なのだから、怖がる理由などない。

そもそも——何か怖いものがついてきているなどとは、思いもしない。

チャッ、チャッ、チャッ、チャッ……。

音はすぐ背後に迫っていた。

Sさんは歩くスピードを落とし、軽く振り返ってみた。

犬だった。

一匹の、大人ほどもある白い大きな犬が、リードを引きずり、我が物顔でアスファルトの上をついてきていた。奇妙な音は、犬の爪がアスファルトを擦るものだった。

迷い犬が公園からついてきたのだろうか。一瞬ギョッとしたが、犬は振り向いたSさんに目を向けるでもなく、そのまま迂回するような素振りを見せた。放っておけば、Sさんを追い越して先へ行ってしまうだろう。

Sさんは犬をやり過ごそうと、足を止めた。

そこで——奇妙なことに気づいた。

犬がズルズルと引きずっている長いリード。その先に、薄汚れた白いボロ布が絡まっているのだ。

一見シャツか何かにも思える布の塊は、しかしもはやボロボロになりすぎていて、原形を留めていない。犬はそれを、まるで自分の召し使いのように引きずっている。

チャッ、チャッ、チャッ、チャッ……。

ズル、ズル、ズル……。

足を止めたSさんの横を、犬が軽やかに通り過ぎていく。

犬の引きずるリードが、早朝のアスファルトの上を蛇のように這う。

ズルズル、ズルズル……。

リードの先に引っかかったボロ布の塊が、Sさんの立つ、すぐ横まで来た。

……白い手が見えた。

布の塊の中から、真っ白な、小さな子供の手がはみ出して、リードをしっかりとつかんでいた。

「えっ？」

思わず声を上げたSさんにはまったく目もくれず、犬はリードの先に「何か」を引きずったまま、突き当たりにある一戸建ての家まで行き、門の隙間から中に入っていった。

Sさんはその場に立ち尽くし、少しの間、犬が消えた家をポカンと眺めていた。

翌朝、Sさんが同じ場所を通りかかると、家は空き家になっていた。

あの犬が関係していることかは、分からないそうだ。

○犬神（いぬがみ）、白児（しらちご）

第七話　猫の視点

動画投稿が趣味の、大学生のTさんの話だ。

Tさんの住む町には野良猫が多い。最近は「地域猫」という制度もあるが、Tさんの周りにいるのはあくまで昔ながらの野良猫で、特に地域で管理しているものではない。一部の猫好きが餌をやっているおかげで、元気に走り回っているが、地元住民とのトラブルもしばしば起きている。

もっともTさんにとってみれば、地域が抱えた問題などはどうでもよかった。何しろ猫というのは、動画の恰好（かっこう）の題材だ。猫の面白い動きを撮影した動画は、それなりに再生回数を得られる。

ただ、どうしても毎回似たり寄ったりの内容になってしまうのは避けられない。

そこでTさんは、あることを思いついた。猫に小型カメラを取りつけ、好き勝手に動き回らせて撮影するというものだ。要するに猫の視点を疑似体験するわけである。

さっそく実行に移すことにした。カメラマン役に選んだ猫は、毎日決まった時間にTさんの家の庭で昼寝をしている、大きな茶トラだった。

もうずっとこの界隈（かいわい）を縄張りにしていて、人間が近づいてもビクともしない、肝の据わった猫だ。Tさんにも懐いている。Tさんがカメラを仕込んだ首輪を着けてやると、微かに気にするような素振りを見せたものの、すぐにそのまま歩き去っていった。

もちろんカメラを壊されたり、首輪ごと無くされたりする可能性もあった。しかし所詮はお遊びだ。だから失敗したとしても、特に気にするまい、と――Tさんはあらかじめ、自分にそう言い聞かせておいた。

　次の日の昼頃、茶トラがいつものように庭に戻ってきた。Tさんが首輪を外してやると、茶トラは「やれやれ」とでも言いたげに、大儀そうに木陰に寝そべって目を閉じた。

　Tさんは家の中に戻り、撮影できた動画をさっそくチェックしてみた。

　動画は思いのほか上手く撮れていた。路地裏や茂みの中、塀の上といった猫特有の移動ルートを、次々とカメラが突き進んでいく。まるで本当に自分が猫になったようだ。

　映像には、茶トラに構う人間の姿も映り込んでいた。

　近所の猫好きはもちろん、時おり通りすがりの女の子なども寄ってきて、茶トラを撫でていく。カメラの位置的に、スカートの中が映り込んでしまうこともあった。もっとも、編集でカットすれば大丈夫だろう——とTさんは軽く考えておいた。

　そんな中、興味を引く場面が一つあった。陽が落ちて、画面が黒一色になり始めた頃、茶トラが一軒の家を訪ねたのだ。

　庭に入ってニャーニャー鳴く茶トラ。モニターには、家の縁側と、障子の開け放たれた和室が映っている。その煌々(こうこう)と明かりの点いた和室に、茶トラに呼ばれて、一人のお婆さんが姿を現した。

　Tさんも見覚えがある。近所に住む、猫好きで名高いお婆さんだ。手に餌を持っている。茶トラがお婆さんのもとに寄ると、モニターにお婆さんのしわだらけの手が大写しになった。

　ペチャペチャと、餌を食べる音がスピーカーから漏れた。どうやら茶トラは、いつもこのお婆さんから餌をもらっているようだ。

　バッテリーが切れたのか、動画はそこで終わっていた。

その後、Tさんはこの動画を短く編集して、何回かに分けてネット上にアップした。

概ね好意的な感想が寄せられたが、中には「盗撮では？」と指摘する意見もあった。Tさんも、多少こうなることは予想していた。もっとも、もちろん映っている人の顔や声は加工しておいたから、最低限の言い訳はできるだろう。

Tさんはそう考えて、もう一度茶トラにカメラを着けることにした。第二弾というわけだ。

撮影は翌日にスタートした。例によって、庭にいた茶トラに首輪を着けて放した。そして翌日戻ってきたところを捕まえて、カメラを回収した。

ただ、この第二弾は、あまり面白いものではなかった。何しろ映っている内容が、前回とそれほど変わらないのだ。

通る道も同じだし、構ってくる人も同じだ。最後にあのお婆さんの家で餌をもらうところまで、何も変わらない。

Tさんは第二弾の使用を諦め、別のカメラ役の猫を探すことにした。

しかし、あの茶トラほど図太い猫はそうそういない。どの猫も、Tさんが近づくとすぐに逃げてしまう。そうこうしているうちに、「続きはまだか」という声も上がってくる。

Tさんは仕方なく、もう一度茶トラの力を借りることにした。すでに第一弾の撮影から一ヶ月が経っていた。茶トラの日課も多少は変わっているかもしれない。

庭にいた茶トラに首輪を着け、翌日回収した。それからあまり期待はせずに、撮影された動画をチェックしてみた。

そして、当たりだ、と思った。動画の中盤辺りで、今までにない光景が映っていたのだ。

それは、近所に棲む野良猫の集団だった。

場所は近所の公園だ。「猫の集会」というやつだろうか。特に何をするでもなく、茶トラも含めた猫達が集団で、じっとうずくまっている。猫まみれの景色を猫の視点で見るという、思いもよらない収穫に、Tさんはほくそ笑んだ。

もっとも、あまり動きのある映像ではない。猫の集会は、やがて辺りが暗くなってくると、静かに解散した。

茶トラが移動を始めた。あのお婆さんの家に向かうのだろうか。

すでにモニターの色は黒ばかりになりつつある。Tさんは惰性で映像を追っていく。

茶トラがやってきたのは、案の定、あの家だった。

暗い庭の向こうに、煌々と明かりの点いた和室が見える。いつもならここで茶トラが鳴き、餌を持ったお婆さんが出てくるのだ。

しかし――この日は様子が違った。

お婆さんは、すでに和室にいた。

仰向けに転がっていた。

顔のところは障子の陰になってよく見えない。が、これはただごとではない。

思わず焦る。だがその時、茶トラがいつものように、ニャーニャーと餌をねだる声を上げた。

転がっていたお婆さんが、むくりと体を起こした。どうやら寝ていただけのようだ。

Tさんは安堵(あんど)した。身を起こしたお婆さんは立ち上がると、縁側に寄った茶トラの方に、フラフラと歩いてきた。

糸で動くマリオネットのような、ぎこちない動作だった。

一瞬だけモニターに顔が映った。目を剝(む)いて舌をダラリと垂らした、異様な顔に見えた。

お婆さんの手が大写しになった。しわだらけの――それに、いやに血の気のない手だった。

カリ、カリ……。

なぜかいつもと違う咀嚼(そしやく)音がした。動画はそこで終わっていた。

「何、今の……」

Tさんは思わず呟いた。

今モニターに映っていたのは、何だったのか。

お婆さんの様子は、明らかに変だった。猫の咀嚼音も、明らかに変だった。

でも、動画を見返す勇気は湧かなかった。

窓から庭をそっと窺(うかが)うと、茶トラはすでにいなくなっていた。


お婆さんが亡くなったと近所の人から聞かされたのは、その数日後のことだった。

発見したのは、市の福祉課の職員だった。高齢者の家を回っていたところ、冷たくなったお婆さんを発見したらしい。急な病に倒れ、通報してくれる家族もいなかったため、そのまま息を引き取った――というのが警察の見解だった。

ただ……Tさんには気になることがあった。

果たしてその死亡推定時刻は、何日の何時頃のことだったのか。そして、発見されたお婆さんの指は、どんな状態だったのか――。

しかしTさんは、詳しいことは確認せず、ただ茶トラの視点映像を、ネットに上げた分も含めて、すべて削除したという。

なお三度目の撮影以来、茶トラの姿を見ることは、なくなったそうだ。

○猫(ねこ)また

第八話　沼

主婦のYさんがお盆に、ご主人の実家である F県の農家に帰省した時のことだ。

二人にはKちゃんという、五歳になる男の子がいる。おとなしい性格で、あまり外で走り回るような子ではないのだが、この日は実家に着くや、やたらと表に出たがった。

「ママ、沼に行きたい」

ついさっき、ローカル線の駅からバスでここへ向かう途中、窓から小さな沼が見えた。Kちゃんは、その沼に興味を引かれているようだ。

沼は、道路から百メートルほど離れた草むらの先にあった。背の高い葦に覆われた一角に、淀んだ水が溜まっていた。緑の水草と黒い泥にまみれた、お世辞にもきれいとは言い難い場所だったと思う。

そう言えば――Kちゃんは窓から沼に向かって、しきりに手を振っていた。

「K、何かあるの？」

バスの中でYさんが尋ねると、Kちゃんはたどたどしい声で応えた。

「ママ、あの沼に行きたい」

……思えば、この時から興味津々だったわけだ。

ただ義父に聞いてみると、あの沼は、子供の遊び場には向かないらしい。

岸がひどくぬかるんでいて、小さな子が歩けば、簡単に足を呑み込まれてしまう。また、生い茂る葦のおかげで水際の位置が分かりづらく、気がつくと水の中に落ちていた——というような事故も、過去によくあったという。

実際、今は立入禁止である。昔はよく地元の子供が、あの沼で亡くなったらしい。

「K、あの沼は行っちゃ駄目だって」

Yさんは Kちゃんにそう言い聞かせた。だが、Kちゃんはなかなか聞いてくれない。

「沼に行く！　沼に行く！」

普段はおとなしいKちゃんが、この時ばかりは、なぜか金切り声で喚き続ける。

それればかりか、放っておくと勝手に外へ出ていこうとする。

引き止めて家の中で遊ばせようとしても、気がつくと大人達の目を盗んで、玄関で靴を履いている。ならばと靴を隠すと、今度は裸足で飛び出す——。

「K、どうして沼なんかに行きたいの？」

Yさんが少しきつめに尋ねると、Kちゃんは泣きながら答えた。

「××ちゃんが呼んでたから」

××——という部分は、よく聞き取れなかった。

いや、少なくとも、人が発音できるような音には思えなかった。

そもそも、バスから見えた沼の畔には、誰もいなかったはずだ。

Yさんは——言い様のない悪寒を覚えた。

その後もKちゃんは、「沼に行く」と言ってぐずり続けた。

夜、布団に入る寸前まで、それは続いた。

しかし泣き疲れたこともあってか、横になるとすぐに寝息を立て始めた。Yさんはご主人と顔を見合わせ、ようやく安堵した。

時刻は十時を回っていた。普段なら眠るには早いが、Yさんもだいぶ疲れを覚えていた。ご主人はまだ起きているようだったので、先に寝ることにした。

Kちゃんの隣に自分の布団を敷き、部屋の明かりを消して横たわった。すぐに睡魔が襲ってきて、Yさんは眠りに落ちた。

それから――どのぐらい経っただろうか。

「ねえ、Kは？」

ふとご主人の声を耳にして、Yさんは目を覚ました。

隣を見ると、Kちゃんのいた布団が、もぬけの殻になっている。

慌てて飛び起きると同時に、玄関で物音がした。

ご主人と二人で、急いで行ってみた。Kちゃんの靴がない。表に出ると、まさにKちゃんが、真っ暗な道路をフラフラと歩いているところだった。

「K！」

叫んだが、Kちゃんは振り返らない。

「K！　戻りなさい！」

叫びながら追いかけた。

Kちゃんは、なぜか右手を前に伸ばしている。その姿は、まるで見えない誰かに手を引かれているようにも見える。

Yさんは、Kちゃんに追いつくやいなや、後ろから思いっきり抱き上げた。

Kちゃんの口から、悲鳴が溢れた。

いや、悲鳴というよりも、それは雄叫びだった。

まるで獣のように吠えながら、Kちゃんは手足をバタつかせて抵抗した。

それでも、怖気づくわけにはいかなかった。もしここで怖気づいて、Kちゃんを放してしまったら、もう二度と取り戻せなくなる——。そんな確信が、Yさんには、はっきりとあった。

ご主人と二人で、無我夢中で家に連れ戻した。

暴れるKちゃんを玄関に引きずり込んだところで、奥から義父が飛び出してきた。

義父は、なぜか手にフライパンとお玉を持っていた。

「K、しっかりせぇ！」

グワァァアン！

叫びとともに、義父はお玉を撥代わりに、フライパンを打ち鳴らした。

「ひっ」と小さな悲鳴が、Kちゃんの口から漏れた。

しきりに暴れていた手足が、まるで引きつったかのように、ピタリと止まった。

グワァァァアン！　グワァァァアン！

何度も、何度も、義父はフライパンを叩いた。

割れ鐘のような音が、玄関に轟き続けた。

Kちゃんは、虚ろな目でガタガタ震えていたが、やがてその場に崩れ落ちた。

そして——今度こそ、すやすやと深い寝息を立て始めた。

「危なかったなぁ。××に持ってかれるところだったわ」

義父が何か呟いた。ただYさんも耳鳴りがひどく、××の部分までは、よく聞き取れなかった。

翌朝、Kちゃんはすっかり元に戻っていた。

もう沼に行きたいとも言い出さない。そもそも、昨日実家に着いてからのことを、何も覚えていないようなのだ。

ただ——バスの窓から沼を見た時のことだけは、はっきりと記憶していた。

「沼の向こうに男の子がいて、こっちに手を振ってた」

Kちゃんはそう言った。だが義父はそれを聞くと、首を横に振った。

「そりゃ、振っとったんじゃない」

手招きしとったんだ——。

義父の言葉を聞いて、Yさんは思わずKちゃんを、ぎゅうっと抱き締めたという。

○ 河童（かつぱ）

第九話　学ぶ男

学生時代に都内のコンビニでアルバイトをしていた、Uさんという男性の話だ。

ある日の、深夜の二時を少し回った頃だった。

一人きりの店内で雑務に追われていると、そこへ客が入ってきた。

「いらっしゃいませ」

反射的に声をかけたものの、Uさんはその客の姿に、思わずギョッとした。

……性別は、男のようだ。

ボロボロのソフト帽を目深（まぶか）に被（かぶ）り、その帽子から、白髪交じりの長い髪がぞろりとはみ出して、目元を完全に隠してしまっている。

髭（ひげ）も伸びるに任せたままと見えて、口元と顎はもちろん、頬に至るまでをすっぽりと覆い、氷柱（つらら）のように垂れ下がる。

もはや輪郭すら定かではない。分かるのは、丸い鼻と厚ぼったい唇だけだ。

その異様な頭をいかり肩の上に載せ、丸まった猫背にまとうのは、これまたボロボロの茶色のロングコートだ。裾からは、汚れたズボンが覗く。

足は裸足だった。甲の体毛が異様に濃い。

ホームレスだろうか――。横目で客の様子を窺いながら、Uさんはそう思った。

男は店内を一瞥（いちべつ）すると、酒類の置かれた棚の前へ、がに股でペタペタと歩いていく。

通路に、湿った足跡がつく。よく見ると男は、全身がぐっしょりと濡れていた。

……雨など降っていないのに、だ。

どう考えても普通ではない。Uさんがさらに注意して見ていると、男は一番安いカップ酒を一本取って、ペタペタとレジに向かった。

Uさんは慌てて接客用の顔に戻り、レジに立った。

カウンターを挟んで向かい合う。間近だと、男の異様さがはっきりと分かる。

濡れた体から、湿った空気と泥水のような体臭が、じわりと漂ってくる。Uさんは内心辟易（へきえき）としながら、それでも接客の顔を崩さずに言った。

「いらっしゃいませ」

男は無言である。もっとも、これはどの客でも同じようなものだ。

レジにカップ酒のバーコードを読ませると、お決まりで、年齢確認を促すメッセージが表示された。

「こちらの年齢確認ボタンにタッチしていただけますか？」

Uさんはそう言って、男の前にあるタッチパネルを指し示した。

男は、動かない。

「あの、こちらを――」

Uさんがもう一度言いかけた時だ。

髭にまみれた男の唇が、わずかに動いた。

「……ぁらぃ」

しゃがれた、意味不明な呟きが、漏れてきた。

言葉が通じないのか。

——どうしよう。

Uさんは迷った。

ルール上、パネルをタッチしない人には、アルコールの販売はできないことになっている。ただ……この男はおそらく、そんなルールを知らないし、教えても理解できないのではないか。べつに確証があるわけではなかったが、Uさんは何となく、そう思った。

「……さぁい」

男がまた、何かを呟いた。

Uさんの前に、ぬっと、体毛の濃い手が突き出された。

指先に五百円玉をつまんでいる。つまり——支払い自体は問題ないわけだ。

Uさんは諦めて、「ここですよ」と指を伸ばして、自分でパネルをタッチしてやった。

店長がいれば咎められたかもしれないが、どうせ今はUさん一人である。それに、相手はどう見ても成人だ。これぐらい問題ないだろう。

男は毛だらけの手で、カップ酒と釣り銭を受け取ると、ペタペタと足跡を残して、店を出ていった。

「ありがとうございました」

Uさんは反射的に礼を言うと、溜め息をつきながら、足跡だらけの床を掃除し始めた。

これだけなら、ある夜おかしな客が来た——というだけの話である。

だが、問題はここからだ。

それからというもの、男は頻繁に、店を訪れるようになった。

二度目に来たのは、初めての来店から数日後のことだ。

やはり、Uさんが一人で店にいる深夜だった。

男は相変わらず、ボロボロの姿だった。顔は髪と髭に覆われ、体はずぶ濡れ、足は裸足である。

買うものも、一番安いカップ酒を一本だけだ。

ただ、多少は学んだようで、今度はちゃんと自分で年齢確認パネルにタッチしてくれた。

Uさんは少しだけ感心したが、男の指が触れたパネルには、案の定、濁(にご)った水滴が残された。

床も相変わらず足跡だらけである。Uさんは男が帰った後で、また掃除を強いられる羽目になったのだが――。

その手間も、三度目の来店からは、必要なくなった。

男が、濡れずに来るようになったからだ。

……いや、むしろそれが当たり前である。雨も降っていないのに、ずぶ濡れで現れる方がおかしい。

しかしこの男の場合、ようやく三度目にして、その「当たり前」になったわけだ。

四度目には、革靴を履いて現れた。やはりボロボロの代物だったが、それでも裸足でいたのとは大違いだ。

五度目には、体臭が消えた。間近に立たれても、見た目以上の不快さはなくなった。

六度目には、いかり肩が下がり、丸まっていた猫背がピンと伸びた。

七度目には、がに股が普通の歩き方になった。

とにかく――来るたびに、男はその異様さを改善させていく。

だが……いや、だからこそ、と言った方がいいだろうか。

Uさんは、次第に不安を覚えるようになっていった。

――いったいこの客は、何なのだろう。

仮に男が、初めて来た時と同じままでいてくれたなら、こんな不安など抱かなかったに違いない。

せいぜい「いつも来るおかしな客」で済んでいたはずだ。

しかし、男は次第に変わりつつある。

少しずつ、少しずつ、「まとも」になっていく。

なのに、その理由が分からない。

……なぜ変わるのか。

……なぜ、少しずつしか変わらないのか。

まるで、人でないはずのものが、徐々に人へと変身していく過程を見せられているかのような、そんな気持ち悪さを覚える。

「……最近、変なお客さんが来ますよね。夜中に」

ある時、他の従業員に、そう話を振ってみたことがあった。

しかしどの従業員も、そんな客は知らないと言う。

どうやら、あの男が来るのは、Uさんが一人でいる時だけらしい。

その後も男の変貌(へんぼう)は続いた。

手の体毛が薄くなった。

ボロボロの身なりがきれいになった。

髪と髭は相変わらずだが、その動作は、ずいぶんと人間らしくなっていた。

……ある時のことだ。

「こちらにタッチしていただけますか？」

いつものようにUさんが年齢確認パネルを指すと、男は慣れたように頷いた。

「ああ、ここだね」

――喋った。

太い、よく通る声だった。

Uさんは内心唖然としながら、商品と釣り銭を渡して、男を見送った。


それから数日後のことだ。

その日もUさんは、一人で深夜の店にいた。

自動ドアが開いて、男の入ってくる気配がした。

「いらっしゃいませ」

反射的に言いながら、雑務の手を止めてレジに立つ。いつものカップ酒を手に、男が歩いてくるのが見えた。

……顔が、すっきりとしていた。

髪は短く切られ、髭も剃られている。

帽子を目深に被り俯いているから、表情はまだ見えないが、もはや奇抜な外見はどこにもない。

安堵と不安の混ざった複雑な気持ちになりながら、Uさんは男の手から、カップ酒を受け取った。

バーコードを読み、いつもの言葉を繰り返す。

「こちらにタッチしていただけますか？」

「ああ、ここだね」

同じように男が言って、クイッと顔を上げた。

Uさんのすぐ目の前で、男の顔が露わになった。

その瞬間――。

「あっ！」

Uさんは、思わず叫んだ。

上げた男の顔は、Uさんとまったく同じだった。

まるで鏡に映したかのような瓜二つの顔で、男はタッチパネルに触れ、微笑んだ。

……それは、Uさんが接客用に使っている笑顔、そのものだった。

Uさんは、全身を強張らせながら商品と釣り銭を渡し、男を見送った。そして、勤務時間が終わるのを待って、ここでのアルバイトを辞めたということだ。

男は、Uさんを参考に「学んだ」のだろうか。

あれ以来Uさんは、深夜には出歩かないようにしているという。

○ 獺（かわうそ）

第十話　ぺろり

女性会社員のAさんは、家で小型犬を飼っている。

室内飼いができる犬種で、散歩の頻度は少ないが、その分、体を汚すこともあまりない。

シャンプーは月に一度、家の風呂場でやる。

洗っている間は、犬は大抵おとなしくしている。おかげで苦労せずに洗えるわけだが、これは犬の性格的な理由に加えて、Aさんが洗い方を学習していたことが大きい。

実は、犬を飼うのはこれで二度目なのだ。

以前にも、やはりAさんは室内犬を飼っていた。

もっとも当時は初めてのことだったから、とにかく右往左往ばかりしていた。飼い主がそんな具合だから、犬の方も一緒になって右往左往する。体を洗おうと風呂場に連れていっても暴れるし、シャワーも嫌がる。

それでも何度か繰り返していると、次第におとなしくなっていった。ただその代わり、シャンプーをしている間は、しきりにAさんの脚を舐めるようになった。

甘えているのかな——と思ったが、犬に詳しい友人に聞いてみると、どうもストレスから来る行動だったらしい。

……その一頭目の犬も、もういない。去年寿命を迎え、旅立っていったからだ。

Aさんが二頭目の犬を飼い始めたのは、一頭目を失った寂しさを、紛らわせるためだったのかもしれない。

ある日曜日のことだ。

Aさんは、月に一度のシャンプーのため、犬を抱きかかえて風呂場に連れていった。

浴室に入ると、犬は「待ってました」と言わんばかりに、タイルの上にぺたりと座り込んだ。Aさんもシャツとショートパンツだけの姿で、犬の前にしゃがむ。

それからいつものように、シャワーからぬるま湯を出して、少しずつ犬の体を濡らしていく。

犬は気持ちよさそうにしている。

その姿を、Aさんが手を動かしながら、愛(いと)おしそうに眺めていた時だ。

ぺろり——と、不意に踵(かかと)の辺りに感触が走った。

舌だ、とすぐに分かった。

しかし犬は、目の前でシャワーを浴びて、おとなしくしている。

だとしたら……今の感触は何か。

そう思った途端、また、ぺろり——と踵を舐められた。

……Aさんの脳裏に、去年死に別れた一頭目の愛犬の姿がよぎった。

でも、まさかそんなことが——。

死んだペットが、帰ってくるわけがない。しかしそんな常識の一方で、少なからず淡い期待を抱きながら、Aさんは振り返って足元を見下ろした。

だが——そこに、かつての愛犬はいなかった。

代わりに、全身が血にまみれたように真っ赤な、人間の胎児に似た何かがいて、しきりにAさんの踵を舐め回していた。
思わず悲鳴を上げた。
同時に犬が驚いて吠え、Aさんの踵を舐めていた赤いものも、パッと消えた。
後にはタイルの上に、何とも言えないぬめりだけが残されていた――ということだ。

○垢嘗（あかなめ）

第十一話　盆踊り

毎年お盆の時季になると、全国各地で盆踊りが開かれる。

大勢の観光客が訪れるような規模の大きいものもあるが、ほとんどは地元の人だけが集まる、地域のためのイベントであることが多い。

もともとは、お盆に帰ってきた祖先の霊を供養、あるいは霊と交流するための行事だったというから、どちらかと言えば、地域単位で小規模におこなうのが相応しいのかもしれない。

ただこの場合、複数の地域が密集しているような都市部では、盆踊りも密集してしまうことになる。実際お盆のシーズンになると、「○○町×丁目盆踊り大会」などと細かく区切られ、短期間にそこかしこの公園で盆踊りが開かれることが多い。

もっとも、同じ町内で複数の盆踊りが完全に同時に開催されることは、あまりない。資材や人員を回したり、参加者の分散を防いだりといった、様々な配慮ゆえだろう。


大学生のTさんの体験だ。

夏の盛り、飲食店でのアルバイトを終えて、Tさんが夜の往来に出ると、賑やかな太鼓の音が聞こえてきた。

近くで盆踊りをやっているらしい。興味をそそられて行ってみることにした。

この界隈はTさんの地元ではないため、会場を見つけるのに少し手間取った。それでも太鼓の音を頼りに公園に辿り着くと、そこには「○○町×丁目納涼盆踊り大会」の看板が掲げられ、大勢の人々で賑わっていた。

大きなやぐらの周りで、無数の提灯に照らされて、何人もの浴衣姿の人が踊っている。

みんな手拭で頬かむりをしていて、顔はよく見えなかった。この辺りの風習なのだろうか――。

Tさんはそんなことを思いながら、夜店で惹かれるままに焼きそばを買い、仕事終わりの腹を満たした。

絶え間なく鳴り続く太鼓が、体を芯から揺さぶる。色とりどりの浴衣を着た人達とすれ違いながらゴミ箱を探していると、町内会のおばさんらしき人が「もらいますよ」と言って、Tさんの手から容器と割り箸を受け取った。

手拭で頬かむりをした、丸い目のおばさんだった。白粉でも塗りたくったかのように、異様に白い顔をしていた。

よく見れば、辺りを歩いている浴衣の人達も、妙にぺったりと白い。

これも風習なのだろうか。

何だか自分だけ浮いている気がして、Tさんはそれ以上は留まらず、公園を後にした。

ドンドンという太鼓の音が、Tさんを送り出す。駅へ向かって歩く。

太鼓の音は、一向に途切れない。

まるで盆踊りに付きまとわれているかのような気がして、Tさんは足を速めた。

そして――道に迷った。

気がつけば、慣れない町の路地裏にいた。辺りに人影はない。

太鼓の音だけが聞こえる。

見渡すと、近くに賑やかな一角があった。公園で盆踊りが開かれていた。

一瞬、さっきの場所に戻ってきてしまったのかと思った。しかし景色が違う。掲げられている看板も、「×丁目」の部分が変わっている。

なのに、踊っている人が同じだった。

……いや、頬かむりをしているから、そう見えるだけだろうか。

顔を隠し、手足をカクカクと蠢かせて踊る浴衣の集団が、次第に気味悪く思えてきた。

テントにいる係員に駅の場所を尋ねようと、近寄ってみた。

みんな、ぺったりと白い顔をしていた。

Tさんが道を尋ねると、係の人は「あっちですよ」と彼方を指した。

礼を言って公園を出た。太鼓の音はやまない。

歩いていくと、また公園があって、頬かむりの集団が踊っていた。

大勢のぺったりした顔が、Tさんをいっせいに見た。

怖くなって逃げ出した。太鼓の音がやまない。

また別の公園があった。逃げようとするTさんを見て、ぺったりした顔が押し寄せてきた。

一人が手拭を持って、Tさんの顔に押し当てた。

「着けなさい。着けとかないと、間違えられてしまうよ」

意味が分からないまま、顔を塞がれた。

そこで——意識が途切れた。


Tさんが犬の吠え声で目を覚ましたのは、翌朝のことだった。

ちょうど犬に散歩をさせていた近所の人が、誰もいない公園でカクカク踊るTさんを見つけたのだ。Tさんはそのまま病院に運ばれ、よく分からない熱で三日間入院した。

ちなみにTさんが見つかった公園では、もちろん盆踊りなど開かれていなかったそうだ。

「この辺りは山を切り開いて出来た町だから、たまにこういうことがある」

年老いた医師が、Tさんに意味ありげにそう語ったという。

○ 狸（たぬき）

第十二話 合宿所の怪

男性編集者のKさんが、高校生だった頃の話だ。

Kさんの通っていた高校は部活動が盛んで、隣県に専用の合宿所を持っていた。

この合宿所は山間部にあり、宿舎とグラウンド、体育館から成る。建物はいずれも木造で、今思えばこぢんまりとしたものだったが、それでも生徒達にとっては、特別に愛着のある施設だったそうだ。

夏休みともなれば、いくつもの部が順々に交代で、ここを訪れた。

運動部はもちろん、文化部も例外ではなかった。Kさんは写真部だったが、やはりこの合宿所を訪れ、二泊三日で存分に仲間達との絆(きずな)を深めた。

ちなみにこの合宿を通して、Kさんは初めて彼女ができたという。相手は同じ部の女子で……いや、この辺は余談なので省かせていただこう。

ともあれ、そんな青春に満ちた合宿所だったが――。

一方で、ここではしばしば、奇怪な噂が囁(ささや)かれていたという。

その噂を最初に言い出したのがどこの部かは、定かでない。

ただ、過去数年で語られるようになったというレベルではなく、当時の教頭が新任だった頃からすでに学校内に広まっていたそうだから、だいぶ古くからある話なのだろう。

Kさんによれば、その噂とは、こうだ。

――バレー部の合宿初日、部員達が練習を終えて体育館から宿舎に戻ろうとすると、間にある渡り廊下の真ん中に、赤い染みが点々と飛び散っている。

どう見ても血の痕だ。しかも、かなり新しい。

もしかしたら、誰かが怪我でもしているのではないか。そう思って全員が自分の体を確かめたが、特にそういう様子はない。

顧問に報告すると、「野生の動物が迷い込んだのではないか」と言う。つまりその動物が怪我をしていたか、小鳥の死骸でも咥えていたのだろう……ということらしい。

宿舎の管理人にも尋ねてみたが、「まあ動物だろうね」と、同じ見立てだ。ならば、やはり動物の仕業なのだろう。

部員達は納得し、飛び散った血を雑巾で拭い落とした。日頃、施設内の掃除は管理人がおこなっているが、宿泊中は生徒が率先してやること――というのが、ここのルールだった。

しかし次の朝、部員達が練習のため体育館へ向かおうとすると、またも渡り廊下に血の染みが点々と飛び散っている。

果たして、二日続けてこんなことが起きるだろうか。

全員が訝しんだが、顧問は「きれいにしとけ」としか言わない。

仕方なく雑巾で拭い落とす。だが翌朝になって渡り廊下を確かめると、やはり血の染みが飛び散っている。

さすがにおかしい――。そう思った部員数名が、原因を突き止めるべく、夜中に渡り廊下へ様子を見にいってみることにした。

顧問に知られると叱られるだろうからと、こっそり部屋を抜け出して、暗い宿舎の廊下を静かに歩いていく。

昼間の疲れで欠伸が出そうになるのを堪えながら、ようやく渡り廊下のそばまで来る。

……と、不意に足音が聞こえた。

タタタタタタ……。

タタタタタタ……。

何かが、渡り廊下にいる。

大きな音ではない。軽々とした、小さな生き物が立てる足音のようだ。

部員達は顔を見合わせ、それから持参した懐中電灯を手に、一気に渡り廊下へ飛び込んだ。

光の輪が、音の主を捉えた。

……子供だった。

見知らぬ小さな男の子が三人、ニコニコ笑いながら、廊下をタタタタタタ……、タタタタタタ……、とグルグル走り回っていた。

懐中電灯に照らされたその笑顔は、どれも真っ赤な血にまみれていた。

部員達はいっせいに悲鳴を上げ、部屋に逃げ戻った。

翌朝、渡り廊下を確かめてみると、案の定血の痕が点々と飛び散っていたそうだ。

……以上が、この合宿所に伝わる「噂」である。

ただ、これはあくまで基本の型に過ぎないようだ。Kさんの話によれば、合宿所には、似たような怪談がいくつも残っているという。

例えば――ある部員が夜中にトイレに行こうと部屋を出ると、廊下のそこかしこに血が点々と散っている。

だが、驚いて他の部員達を起こし、全員で廊下を確かめても、そこにはもう何もない。おかげで「下らない冗談で起こすな」と諍(いさか)いになり、部員は一人で廊下に放り出されてしまう。

だが今度こそトイレに行こうとすると、直後、部屋の中からいくつもの悲鳴が響いた。部員が慌てて中を覗くと、全員が蒼白(そうはく)になっている。

見れば、部屋に敷かれた布団が、どれも血まみれである。誰かが怪我をしたというわけではなく、揃って廊下に出た、そのわずかな隙にこうなっていたという。

結局全員で布団を部屋の隅に押しやり、畳の上で雑魚寝(ざこね)した。しかし翌朝になって布団を確かめると、どれも洗い立てのように真っ白に戻っていた、ということだ。


また、こんな話もある。

――吹奏楽部の合宿が始まった初日。部員達が宿舎の管理人に挨拶をすると、管理人から「もし血のようなものを見つけたら、すぐに拭き取ってほしい」と言われる。

噂を知っていた部員達は「本当に起きることなのか」と戦々恐々としたが、いざ実際に宿舎で過ごしてみても、そのような血の痕は見つからない。

結局所詮はただの噂で、管理人に担がれたのだ――と誰もが安心し、数日が過ぎた。

そして合宿の最終日を控えた前夜。就寝時間、布団に横になったMさんという女子が、ふと天井の隅に、何やら赤い染みのようなものが付いていることに気づいた。

もしや……と思ったが、寝る間際になって掃除させられるのも億劫(おっくう)である。幸い、この染みに気づいているのは自分だけのようだったので、Mさんは黙っておくことにした。

ところが――深夜になって、突然部屋中に凄まじい悲鳴が響いた。

驚いて飛び起きてみると、同じ部屋に寝ていた女子の一人が、半狂乱になって泣きじゃくっている。

男子や顧問まで駆けつけて、何があったのかと問い質してみると、彼女は天井の隅を指差して、震える声で言った。

「あそこに、子供がいた……」

何でもその子供は逆さまに張りついて、頻りに天井板を舐め回していたそうだ。

Mさんは青ざめた顔で天井の隅を見やったが、すでに赤い染みは消えていたという。


Kさん曰く、とにかくこの手の噂は尽きないらしい。他にも――。

……深夜のグラウンドで、血まみれの男の子が三人、独楽のようにクルクル回っている姿が、何度も目撃された。

……床に付いている血を踏むと、必ず練習中に足を怪我する。

……合宿中に怪我で出血すると、夜寝ている時、男の子が傷口を啜りにくる。

……勇敢な生徒が男の子を追いかけたところ、男の子は山中に逃げていった。

……後を追ったその生徒は行方が分からなくなり、数日後、血まみれの姿で事切れているところを見つかった。

等々――。真偽はともかく、いくつもの怪しい話が囁かれていた、ということだ。

ちなみにKさん自身は合宿中、奇妙な血の痕や男の子の姿は、一切見ていないそうだ。

ただ、まったく何事もなかった、というわけではないらしい。

「あくまで合宿中は何もなかったんですけど……」

Kさんは、一連の話を聞いていた僕に、歯切れが悪そうに言った。

何でも——渡り廊下で写真を撮ったそうだ。

例の、同じ部の女子とのツーショットである。

現像は後日、学校の暗室で、自分の手でおこなった。

仕上がった写真には、二人が笑顔で写っていた。

……全身切り傷だらけの、血まみれの姿で。

Kさんはその写真を誰にも見せずに、すぐに処分した。もっとも、特に障(さわ)りのようなものはなく、今に至っている——ということだ。

○窮奇（かまいたち）

第十三話　裂ける

女子大生のMさんが体験した話だ。

ある夏の、蒸し暑い夜のことである。そのままでは寝苦しいからと、部屋の窓を開け放ち、網戸一枚だけにして、ベッドで寝ていた。

クーラーや扇風機に頼るという手もあったが、以前冷房をかけたまま寝て、酷い風邪を引いたことがある。それ以来、暑い時は窓を開けると決めていた。

……ところが、夜中にトイレに行きたくなって目が覚めると、足元に違和感がある。

見ると、ベッドに被せてあるボックスシーツに、大きな裂け目が出来ている。

ちょうど爪先の辺りだ。寝ている間に、足の爪に引っかけてしまったのかもしれない。

取り替えなくちゃ——と思いながら、その夜はトイレだけを済ませて寝た。


次の夜も、ずいぶんと蒸し暑かった。

Mさんは眠る時、パジャマの他に、ナイトキャップを着用している。

かえって暑いのでは……と思われがちだが、Mさんは髪が長いから、キャップの中にまとめた方がすっきりするのだという。髪の美容にもいいらしい。

ともあれ、ナイトキャップとパジャマというスタイルに、体にタオルケットだけをかけ、その夜も窓を開けて寝ていた。

夜中のことである。ふと耳元で、ジィ……ッ、と妙な音がした。

布が裂ける時の音に、よく似ていた。

ハッと目を覚まして、頭を起こす。反射的にナイトキャップに触れたが、特に異変はない。

ただ——枕カバーが大きく裂けていた。


次の夜は、雨だった。

少し肌寒かったので、窓は閉めて寝ることにした。

それにしても……なぜ寝具が裂けるのだろう。

Mさんは気味悪く思った。

シーツだけなら、足で引っ掻いてしまったものと説明がつく。しかし枕カバーまで——となると、さっぱり理由が分からない。

少なくとも、寝る前には何ともなかった。

取り替えて真新しくなった枕カバーの上に、キャップを着けた頭を載せながら、Mさんは不安な気持ちで眠りに落ちた。

……もっともその夜は、何事も起きなかった。


その後数日の間、雨が続いた。

窓を閉めて寝ている間、奇妙なことは何一つ起こらなかった。

ところが雨夜が終わり、蒸し暑さに耐えかねて窓を開けて寝ると、またも寝具が裂ける。

今度は、タオルケットだった。

朝起きると、見事に真っ二つに裂けていた。

……もしかしたら、寝ている間に不審者が網戸を開けて、入り込んできているのではないか。

そう思ったものの、Mさんが住んでいるのはマンションの九階である。そう簡単に人がよじ登れる場所ではない。

それに、窓には金属製の面格子（めんごうし）も据えられている。網戸一枚とはいえ、だから毎晩誰かが入ってくる……という可能性は低いはずだ。

ともあれ、これ以上窓を開けて寝ない方がいい——。

そう判断して、Mさんはしっかりと窓を閉め、団扇（うちわ）一枚を手に、床（とこ）に就いた。


やがて東の空が白む頃、Mさんは汗だくで目を覚ました。

半ばはだけたパジャマを身に張りつかせ、立ち上がる。

——暑い。

窓に手が伸びる。

すでに時計の針は五時を過ぎている。夜が明けたのなら、きっと大丈夫だ——と、理由もなく確信し、ついに窓を開け放った。

その途端——。

ジィ……ッ、と音がした。

すぐ耳元からだった。

嫌な予感がして、ナイトキャップに触れる。

……裂けていない。

いや、本当にそうだろうか。音は、はっきりと聞こえたのだ。

Mさんは、きちんと確かめようと、頭からキャップを外してみた。

同時に、ドサッ、と何かが足元に落ちた。

見下ろして、思わず悲鳴を上げた。

足元の床に、真っ黒なものが渦（うず）を巻いて、広がっていた。

……Mさんの長い髪は、キャップの中で、バッサリと断ち切られていたそうだ。

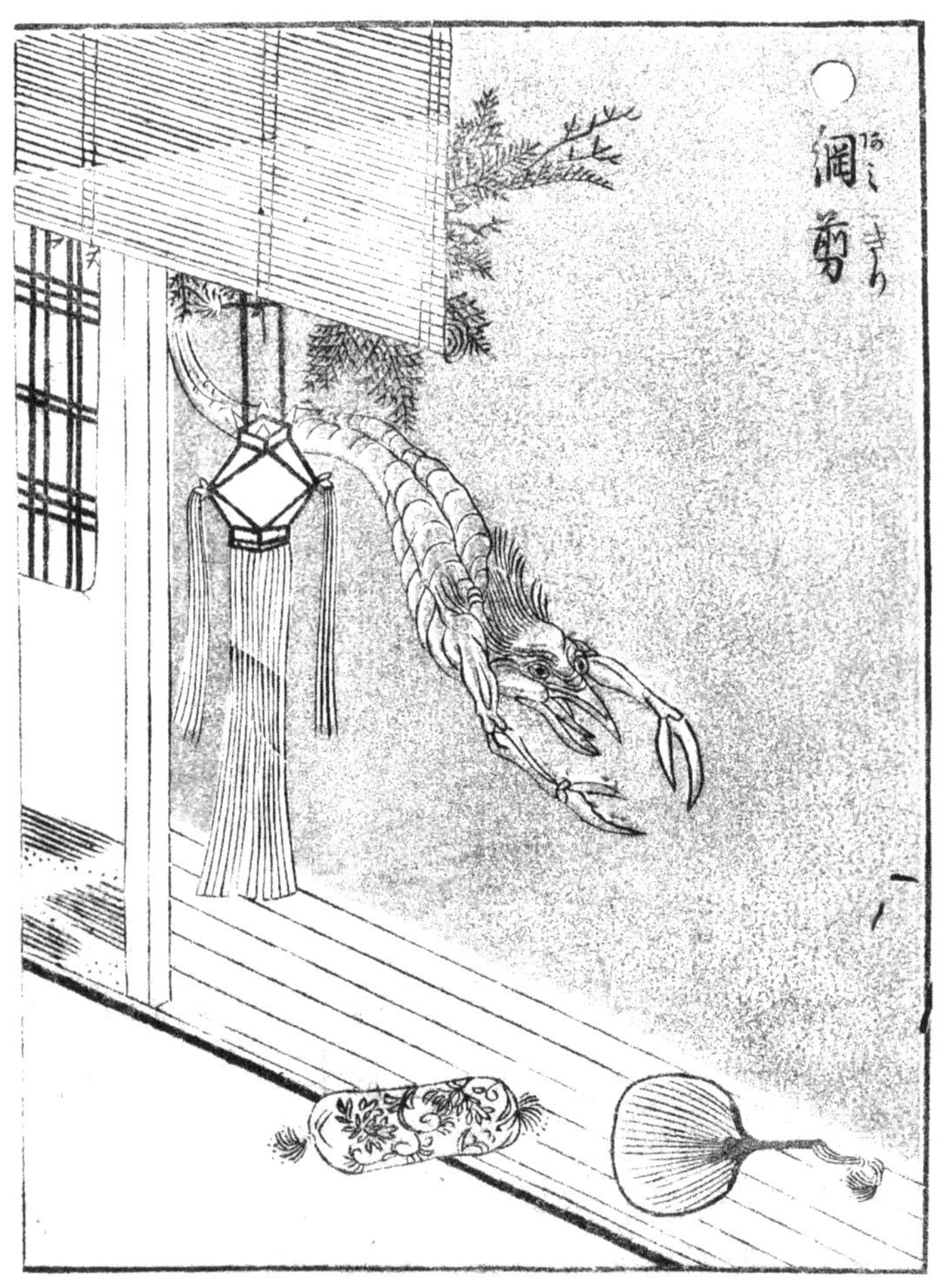

○網剪（あみきり）

第十四話 幼馴染の話

今は都内で老後を送っている、Sさんという男性が、まだ十歳だった頃の話だ。

当時のSさんは、関東(かんとう)圏の山間(やまあい)にある、小さな村で暮らしていた。

すぐ近所に裕福な屋敷があった。そこにはKちゃんという一歳下の女の子がいて、それこそハイハイしている頃からの友達だった。言わば幼馴染(おさななじみ)である。

Kちゃんはおとなしい性格で、人見知りが強かったが、Sさんにはよく懐いていた。

Sさんはそんなkちゃんを、いつも妹のように可愛がった。

Kちゃんは時々、「大きくなったらS兄ちゃんのお嫁になる」と言って、Sさんを赤面させた。

もちろんそれは、本気の恋愛というよりも、子供特有の無邪気な戯言(ざれごと)に過ぎなかったのだろう。

ただ、もしこのまま二人が何事もなく大人になれば、あるいは本当に、そのような道を辿っていたのかもしれない。


それは、Sさんが十歳になった、春のことだった。

いつものようにKちゃんを連れて、近くの森で遊んでいた。

夕暮れになり、そろそろ帰ろうか——というところで、Kちゃんが「あっ」と小さく叫んで、森の奥を指さした。

見ると、薄暗く陰った先に、いくつもの灯のようなものが浮かんでいた。

――お祭りみたい。

Kちゃんがそう言って、森の奥に向かって、とことこと歩き出した。祭りの夜に並ぶ提灯を連想したのだろう。

Sさんも後を追った。

草を掻き分けて進むうちに、次第に背後の闇が濃くなっていくのが分かった。

夕陽が沈み、夜が訪れたのだ。

森の灯が、一際キラキラと眩く輝き出した。Sさんはもはや引き返すのも忘れ、Kちゃんと二人、魅入られたように灯を追いかけ始めた。

いつしか二人は笑っていた。

草や枝が体に擦れるのも気にならずに、一心不乱に灯を求めて歩いた。

どこまで歩いても、辿り着けなかった。

Kちゃんが、辛抱できずに走り出した。

Sさんも後を追って走った。

そこで――記憶が途切れた。

……気がつくとSさんは、家の布団に寝かされていた。

目を覚ましたSさんに、両親が事情を話した。

どうやらSさんが森に行ったきり帰ってこないので、村総出で山狩りがおこなわれたらしい。ようやく見つかった時には、Sさんは大木の根本で、呆けたように座り込んでいたという。

それから三日三晩、意識が戻らなかったそうだ。

Sさんは、両親からこっ酷く叱られた。

ただ——引っかかることがあった。

Kちゃんの話が、一向に出てこないのだ。

「Kちゃんはどうしたの？」

Sさんが尋ねると、両親は一瞬口を噤み、「お前が気にすることじゃない」とだけ答えた。

何かを隠している——。

Sさんはそう直感したが、得体の知れない不安に苛まれて、それ以上は何も聞けなかったという。


その日を境に、Kちゃんは姿を見せなくなった。

今までのように遊びにくることもなくなったし、こちらからKちゃんの家に行っても、先方の家族が会わせてくれない。学校にも来ないし、外を出歩いているところを見たこともない。

「Kちゃんは、どこに行ったの？」

大人達にそう聞いて回ったが、誰一人として答えてくれない。いや、それどころか、突然怒られて追い払われることすらある。

「Kちゃんのことはもう口にするな。分かったな？」

父親から厳しくそう言われ、Sさんは黙るしかなかった。

それでも、突き止めたいという気持ちが、消えたわけではなかった。

だから——その年の夏のことだ。

Sさんは、Kちゃんの家に、こっそり忍び込んでみた。

セキュリティの厳重な今と違って、当時は村の屋敷ともなれば、昼間は大勢の人間が出入りしていた。紛れて中に入るくらいなら、どうということはない。

Sさんは放課後、日が暮れる前の時間に、勝手口からKちゃんの家に入ってみた。

何人ものお手伝いさんが働いていたが、Sさんの姿を見ても、特に咎めてくる者はいなかった。

SさんはKちゃんを捜して、そのまま屋敷の中を歩き始めた。

とは言え、さすがにKちゃんの両親に見つかれば、摘まみ出されてしまうに違いない。だから堂々と――というわけにはいかない。物陰から物陰へと、できるだけ人目に触れないようにしながら、廊下を進んでいく。

しかし、Kちゃんの姿はどこにもなかった。

Kちゃんが使っていたはずの部屋は、空っぽだった。Kちゃん本人はもちろん、家具の類までもが、きれいさっぱり消えていた。

途方に暮れながら、「そろそろ帰ろうか」と思った時だ。

ふと――すぐ近くで、女の子の笑い声が聞こえた気がした。

……Kちゃんの声だ。

そう思って辺りを見回すと、目立たない廊下の突き当たりに、小さな引き戸があるのに気づいた。

近寄って、そっと開けてみた。

引き戸の先は、細長い階段になっていた。

Kちゃんの家は平屋建てである。当然ここは一階だ。

しかし階段は、なぜか下へと続いている。

階下に蠟燭が灯っているのか、階段の先が薄ぼんやりと明るく光っている。

……微かにまた、Kちゃんの笑い声が聞こえた。

Sさんは、階段を下りてみることにした。

息を殺し、音を立てないよう、一歩一歩慎重に足を下ろしていく。

やがて階段が途切れ、狭い廊下に着いた。

低い天井と、板壁に並ぶ燭台(しょくだい)の灯が、目に留まった。

……しかしその視線はすぐに、廊下の奥へと、吸い寄せられることになった。

太い木で組まれた、大きな格子が見えた。

それが奥の突き当たりを、壁の代わりに覆っている。

その格子の向こうに――Kちゃんがいた。

格子にぴたりと体をくっつけて、こちらを見て笑っていた。

ぼうぼうに伸びた前髪の下に、正気の抜けた目と、限界まで吊り上がった涎(よだれ)まみれの口があった。

着ているものは、寝間着だけだった。それも半裸にはだけていたが、Kちゃんは恥ずかしがる素振りもなく、ただ「ひぃひぃひぃ」と、意味のない奇声ばかりを漏らしていた。

「……Kちゃん」

呆然と、Sさんが呟いた時だった。

ふと――後ろから、グイッと肩をつかまれた。

「こら、見たらいかん！」

そう言われて驚いて振り返ると、そこにいたのは、この屋敷でKちゃんの世話係をしている、顔見知りのお婆さんだった。

どうやら、Sさんが地下に入っていったのを見かけて、連れ戻しにきたらしい。

「旦那様と奥様に見つからないうちに、早く」

お婆さんはそう言って、Sさんを引っ張って外に出ようとした。

「待って、Kちゃんは？」

Sさんが尋ねる。これを確かめないことには、帰るわけにはいかない。

するとお婆さんは表情を曇らせ、静かに首を横に振った。

「お嬢様は、もういかん。つかれたきりだからなぁ」

「つかれた――？」

「全然落ちてくれん」

何を言っているのか――当時のSさんには、まったく分からなかった。

ただ、直後にお婆さんから言われたこの一言で、思わず肌が粟（あわ）立ったという。

「……S、お前は、三日で落ちたのになぁ」

その言葉には間違いなく、Sさんへの憎しみが籠っていたそうだ。

Sさんは、それからすぐに家に戻り、以来Kちゃんのことは絶対に口にしなくなった。


それから歳月が流れた。

大人になったSさんは、村を離れ、東京で暮らし始めた。

やがて就職し、結婚して、子供ができて――。次第に身も心も東京の人間へと変わっていく中、
ふとある時、故郷の村が近々廃村になるという報せを、新聞で見た。

Sさんは、休みの日を利用して、日帰りで村に行ってみることにした。

家族にはただのドライブだと言って、車で一人で出かけた。

着いた村には、人っ子一人いなかった。

Sさんの両親は他界していたから、生家がもぬけの殻なのは知っていたが、他の家々も廃村を理由に、よそへ移ったようだ。

……Kちゃんの家も、すでに廃墟になっていた。

外から眺めながら、裏の勝手口へと回ったところで、不意にあの日の記憶が鮮明に蘇った。

Sさんは、そっと中に入ってみた。

もちろん誰もいない。

廊下に上がり、堆く積もった埃の上を、土足で歩いていく。記憶を頼りに、いくつかの角を折れると、目立たない突き当たりに、あの小さな引き戸があった。

座敷牢――だったのだろう。今にして思えば。

Sさんは、そっと引き戸に手をかけて、開いてみた。

暗いはずのその先に、はっきりと階段が見えた。

階下に、いくつもの明かりが灯っている。

キラキラと光るその明かりは、かつて森で見た、あの不思議な灯と同じだった。

……ふと、笑い声が聞こえた。

階下からだ。

そして――。

「――S兄ちゃん」

確かに、そう名を呼ばれた。

Sさんは、すぐに引き戸を元どおりに閉めると、急いで廃墟を出た。

そして、振り返りたくなる気持ちを懸命に堪えながら、村を後にしたという。

○狐火（きつねび）

第十五話　シールの女

S県の大学に通っている、Kさんという男性の話だ。

夏休みを利用して、ある飲食店でアルバイトをした時のことである。

勤務中は制服を着るため、事前に更衣室で着替えることになる。

更衣室にはロッカーが並んでいる。空いている一つを初日に割り当てられ、店長から鍵を渡されたのだが、その際に妙なことを言われた。

「ロッカーを開けた時に、たまに扉の裏側にプ×クラが貼ってあるんだけど、もし見つけたら、その日のうちに剝がして捨てといて」

「あ、はい」

……素直に頷きはしたものの、何のことだかよく分からない。

誰かがいたずらで貼る、ということだろうか。でもそれなら、きちんとロッカーに鍵をかけておけばいいだけの話だ。

奇妙に思いながら、その店でアルバイトを始めて、二日目――。

勤務時間を終え、私服に着替えようと更衣室のロッカーを開けると、まさに「それ」が目に飛び込んできた。

プ×クラ――。店長が口にしていた通称で知られる、顔写真のシールである。

それがKさんのロッカーの扉の裏に、いつの間にかペタリと貼ってある。

ああこれのことか、と思い、Kさんはシールを覗き込んだ。

写っているのは、若い女だった。

キラキラと加工が施されたシールの中央に、一人でいる。

表情も、ポーズもない。目の大きさなどもいじられていない。

ただボサボサ髪をまとわせた血色の悪い顔に、線のような細い目を浮かべ、真正面をじっと見据えている。

……背景のピンクが空々しいほどに、それは陰気だった。

いったいこの女が、何を思ってこんなシールを作ったのかは、分からない。しかし、とにかく見ていて気持ちのいいものでもないため、Kさんはそれをすぐに剝がして、更衣室に据えられているゴミ箱に持っていった。

そのまま放り込もうとしたが、裏地の粘着部分が強いのか、シールはなかなか指先から離れてくれなかった。仕方なくピンッと弾いて、無理やり飛ばし入れた。

それにしても――いったいこのシール、誰がなぜ、どうやって貼ったのだろう。

ロッカーには、きちんと鍵をかけておいたのに。

この薄気味悪いシールは、それからも時々、ロッカーの扉の裏側に貼られた。Kさんは、そのたびにゴミ箱に捨てた。

割合としては週に二回程度だ。休みの日に貼られることは、なぜかない。

しかし、勤務中にきちんと施錠しているKさんにとってみれば、不快極まりない話である。

……要は、誰かが合い鍵か何かを使って、他人のロッカーを勝手に開けている、ということだ。

とりあえず今のところはシールを貼られるだけで、物を盗られたりはしていない。しかし鍵が意味を成さないのでは、迂闊に貴重品を仕舞っておくこともできない。

「何とかならないんですか？」

店長にそう聞いてみたが、「何とかならないかと思って、鍵式のロッカーに替えたんだけどねえ」と、不可解な答えが返ってきただけだった。

「でも、貼られているのはK君だけじゃないから、そこは安心して」

店長はそう付け加えた。いったいどういうことなのか――。

後で××さんという、仲良くなった先輩に確かめてみると、ここの男性従業員は多かれ少なかれ、全員が同じ目に遭っているという。

もう何年も前から、この顔が、ほぼ毎日誰かのロッカーに貼られているらしい。

ちなみに、女子更衣室のロッカーには貼られない。あくまで男子更衣室のみだ。

だから男性の新人は、必ず初日に店長から、「プ×クラを見たら剝がして捨てるように」と、注意を受けるという。××先輩も、過去に同じことを言われていた。

つまり――このシールは、自分が来るよりもずっと以前から貼られ続けている、ということになる。

……しかしそうなると、またも不可解な点が見えてしまう。

このシールは、いったい何枚あるのだろう。

プ×クラというのは、普通は一回の撮影で印刷できる枚数が決まっている。もちろんカラーコピーや専門のサービスなどを利用すれば、後で増やすことも可能だが、実際にロッカーに貼られたシールを見る限り、そういった「焼き増し」されたものとは違うようだ。

同じものを何年間も、ほぼ毎日貼り続けるなど、明らかに無理がある。

……いろいろと分からないことだらけだった。しかし一番分からないのは、ただ一点に尽きた。

——この女は、誰なのか。

職場のいろいろな人に聞いて回ったが、店長も××先輩も、それ以外の人も、皆一様に首を傾げるばかりだった。


それから数週間が過ぎた、八月の後半のことである。

いつものように、Kさんが仕事を終えて着替えようとすると、またロッカーの扉の裏側に、あのシールが貼ってある。

陰気な顔写真に見つめられ、うんざりしながらそれを剝がした。

だが、ゴミ箱のところまで持っていき、指で弾いて捨てようとしたところで——つい、方向が狂った。

シールは、ゴミ箱には入らなかった。

弾いた勢いに任せてどこかへ飛んでいき、瞬く間に見えなくなってしまった。

まずいと思ったが、拾おうにも行方が分からない。Kさんは仕方なく、見失ったシールはそのままにして、家に帰った。

……ところが、その翌日のことだ。

Kさんが出勤してくると、みんなの様子がどこかおかしい。

聞けば、××先輩が事故に遭ったという。

何でも、駅のホームから転落したらしい。幸い大事には至らなかったが、足を骨折してしまったため、しばらくは休むそうである。

……ただ、電話口でそれを告げた××先輩曰く、その事故に遭った理由というのが、ずいぶんと不気味なものだった。

引きずり込まれた——というのだ。

……それは、先輩がホームに立っていた時のことだ。

不意にホームの下から、女がぬっと顔を出すのが見えたという。

あのシールの女と、瓜二つだったそうだ。

その女がにゅうっと腕を伸ばし、××先輩の足をつかんだ。そして凄まじい力で、ホームの下に引っ張り込もうとした。

その時先輩は、ホームの縁からだいぶ離れた位置に立っていた。だから、どうして女の腕がこちらに届いたのかは、自分でもよく分からなかった。

とにかく「つかまれた」「引っ張られる」という感触だけが、あったという。

必死に抵抗しようとしたが、どうにもならなかった。

先輩は見る見るうちに引きずられ、為す術もなく、ホームの下に転落したそうだ。

……もっとも、これはすべて××先輩の話によるものである。警察が調べたところ、同じホームで事故を目撃した人達は、一人として、そんな女の姿など目にしていなかったようだ。

ただ××先輩が、自ら線路に飛び込んだ——。そう見えたらしい。

だから公的には、自殺未遂として処理されるかもしれない、とのことだった。

以上——先輩の事故の詳細を、Kさんが店の控室で聞き終えた時だ。

その場にいた店長が、ふと小声で呟いた。

「……あいつ、シール捨てなかったのかな」

それからKさんは、急いで××先輩のロッカーを調べた。

先輩のロッカーは、ゴミ箱のすぐそばにあった。見ると、側面の目立たない場所に、昨日弾き飛ばして見失ったシールが、ペタリと貼りついていた。

Kさんは震える指でそれを剝がすと、「先輩ごめん」と呟きながら、急いでゴミ箱に捨てた。

そしてその週を最後に、この店で働くのは辞めたということだ。

○ 絡新婦（じょろうぐも）

第十六話　雪山の灯

大学生のIさんが、冬にサークル仲間と連れ立って、スキー旅行に行った時の話だ。

場所は、F県の某スキー場である。

着いた当日は薄曇りで、風も少なく、スキーに打ってつけの天候だった。

スキーは初めてという人が多かったので、最初は揃って初心者用のコースで滑り始めた。しかし次第に物足りなくなって、別のコースへと移るメンバーも出てくる。

Iさんも、それほど経験豊富というわけではなかったが、同じサークルにいる親しい友人がそこそこ上級者だったこともあって、午後からは彼についていった。

とは言え、充分な腕前もないのに、他のスキーヤーに交じって上級コースで滑るのは無理がある。

Iさんが諦めて、難易度の低いコースに戻ろうとしていると、友人がこんなことを言った。

「バックカントリーっての、やってみないか？」

バックカントリースキーとは、整備されていない自然のままの雪上を滑ることを指す。要するに、コース外に出ようと誘っているわけだ。

コース外とはいえ、滑ることができるスペースは案外多い。それにゲレンデと違って人が少ないから、周りに気遣わずに済む——と、友人はそう説明した。

Iさんも、一人じゃないなら大丈夫だろうと考えて、その提案に乗ることにした。

二人は仲間に連絡を入れることもなく、森の中へ入っていった。

後から思えば——この時点で、友人を引き止めるべきだったのだろう。

それから数時間が経った。

二人は、見事に道に迷っていた。

初めのうちは、あまりゲレンデから離れないようにしていたのだ。しかし、ここ数年のバックカントリーブームが影響してか、森の中にも意外と人が多かったのが誤算だった。

せっかくの大自然だから独り占めしたい——と、友人がルートを変え、どんどん森の奥の方へと分け入っていった。Ｉさんも後からついていったのだが、気がつけばすっかり、帰り道が分からなくなっていた。

周りはどこまでも樹に囲われ、人っ子一人いない。

携帯電話は、圏外で通じない。

足元の雪もデコボコと起伏し、とても滑るどころではない。

すでに二人とも、スキー板は脱いでいた。

バックカントリースキーそのものを、甘く見過ぎていたのだろう。もともと入念な準備が必要なスポーツであって、素人が思いつきでチャレンジすべきものではないのだ。

Ｉさんも友人も、さまようちに、次第に口数が少なくなっていった。

疲れ、焦り、苛立ち……。決して前向きではない感情が、汚れた雪のように、腹の中に降り積もっていく。

次第に陽が落ち始めた。

ふと、冷たい風が吹きつけた。

近くの、目の高さほどの崖に溜まった雪が、ハラハラと零れ落ちるのが見えた。

ゲレンデから外れた、圧雪されていない雪は、とても脆い。

「……雪崩、起きないよな？」

Ｉさんがぎこちない笑顔で尋ねたが、友人は無言だった。


それから——どれほど歩いただろうか。

陽はほぼ沈み、微かに残った西の薄明かりだけが、雪に包まれた森をぼんやりと照らしていた。

二人の行方が分からなくなっていることに、すでに仲間達は気づいているだろう。捜索隊は出ただろうか。見つけてくれるだろうか。あるいは、もうこのまま——。

頭の中を、いろいろな不安が渦巻いていた。

その時だ。不意に友人が、興奮した声で叫んだ。

「おい、明かりだ！」

指さす方を見ると、確かに樹々の彼方に、白い大きな光が灯っているのが見えた。

光は樹よりも高く、まるで狼煙のように、夜空に向かって伸びている。

きっとスキー場の照明に違いない——。俄然元気が湧いて、二人は足を速めた。

息を弾ませながら、光のもとへと急ぐ。……しかしその足は、光に辿り着く数歩手前で、留まることになった。

二人は目を疑いながら、その場に立ち尽くした。

光の正体は、スキー場の照明などではなかった。

……そこは、まだ森の中だった。

樹々の間の開けた場所に、大勢の人間が集まっていた。

いずれも登山者やスキーヤーの格好をしているが、顔はフードやゴーグルに隠れて、一人として判別できない。

その一人一人が――光っていた。

光りながら寄り添い、中央で折り重なって、小さな搭のように積み重なっていた。

全身に雪をまとわりつかせ、彼らは凍てつき、ピクリとも動かない。

ただその体から発する光が、夜空に向けて、どこまでも高く伸びていた。

Iさん達は、悲鳴を上げて逃げ出した。


二人が捜索隊に発見されたのは、それから三十分後のことだった。

彼らもまた、森の奥に光の柱のようなものが立つのを見て、Iさん達からの合図だと思い、そちらへ向かう途中だったという。

あの集団は、狼煙のようになって、Iさん達を助けてくれたのだろうか。

……ただ、確かな事実が一つある。翌朝になって分かったことだが、あの光が立っていた辺りで、すぐ後に小規模の雪崩が起きたということだ。

Iさん達は――純粋に、取り込まれかけていたのかもしれない。

○ 鼬（てん）

第十七話　ライター

もうかなり前のことになる。当時新婚だったSさん夫婦が、新居であるマンションに引っ越した時の話だ。

部屋は賃貸だったが、所有者がSさんの親戚ということで、結婚祝いに格安で貸してもらえることになっていた。Sさん夫婦も喜んで甘えさせてもらったが――後から思えば、この時点でもっと情報を引き出しておくべきだったのだろう。

……不可解な出来事は、引っ越した初日から、早くも始まった。

Sさん夫婦が荷物を開けて、中身をあちこちに片づけていた時だ。忙しく動き回っていると、ふと床の上に、ライターが一つ転がっているのに気づいた。

「これ、どうしたの？」

「さあ」

二人は首を傾げ合った。

Sさん夫婦はタバコを吸わないから、もともとライターは持っていない。

ポケットに入れてあったわけでもなければ、荷物に紛れてきたわけでもない。……となると、初めからこの部屋に落ちていた、ということになる。

いわゆる百円ライターと呼ばれる、安価な使い捨ての品だ。見たところ、新品である。

「引っ越し業者の人が落としていったんじゃない？」

そう考えるよりなかった。

もっとも、わざわざ届けるほどのものでもないと思い、そのまま家の備品として、いただいておくことにした。

とりあえず、台所の棚の引き出しが一つ空いていたので、そこに仕舞った。


その翌日も、同じことが起きた。

日用品の買い出しのため、二人が近場のホームセンターに行って、荷物を抱えて戻ってくると、また床の上にライターが転がっている。

やはり使い捨ての百円ライターだが、昨日あったものとは色が違う。

もちろん、どこからか持ってきた記憶などない。買ってもいない。

昨日からここにあったのを、見落としていた――ということだろうか。

「せっかくだから、これも置いといたら？」

奥さんに言われて、Sさんは新たなライターを、また台所の引き出しに仕舞った。


翌日は平日だった。

Sさん夫婦は共働きをしている。この日Sさんが帰宅すると、奥さんはまだ戻っていなかった。

一人きりの家に上がり、居間の照明を点けた。

……床の上に、またも新しいライターが落ちているのが、分かった。

「どうなってんだ……？」

やはり色違いの新品である。

Sさんはライターを拾い上げ、さすがに気味悪く思いながらも、いつものように台所の引き出しに仕舞おうとした。

だが、その引き出しが開かない。

どうやら、中で何かが引っかかっているらしい。

おかしいなと思いながら、力を込めて、グイッと引いてみた。

途端に、バラバラバラッ——と、中からいくつものライターが溢(こぼ)れ落ちた。

Sさんは「うぇっ?」と、思わず変な声を上げた。

開いた引き出しの中には、色とりどりの使い捨てライターが、ぎっしりと詰まっていた。


その後、戻ってきた奥さんに事情を話し、二人して考え合った。

——もしかしたら、留守中に誰かが忍び込んで、ライターを置いていっているのではないか。

いったいなぜそんなことをするのかは、分からない。しかし、この三日間で起きたことを思えば、そう結論づけるしかなかった。

とりあえず、明日また変なことがあったら警察に相談しよう——。そう決めて、その日は寝ることにした。

……やがて、深夜一時を回った頃だ。

Sさんが寝つけずに、ベッドの上で目を開けていると、ふと台所から、カチ……カチ……、と妙な物音が聞こえてきた。

「ねえ、変な音しない?」

隣で横になっていた奥さんが、声をかけてきた。やはり寝つけずに起きていたらしい。

二人は顔を見合わせ、それからそっとベッドを出て、真っ暗な廊下を、忍び足で台所へと向かった。

カチ……カチ……。

音は、やむことなく続いている。

何やら薄赤い光が、灯ったり消えたりしながら、暗い台所から漏れているのが分かる。

二人は明かりを点けずに、壁の陰から、そっと覗き込んでみた。

……引き出しの前に、誰かが立っていた。

手にライターを持って、カチ……カチ……と点滅させている。

火が燃え上がるたびに、ぼぉっと、その手元が明るくなる。

わずかな明かりの中に、相手の顔が浮かび上がった。

歳も性別も分からない――赤黒く焼け爛れた顔が、そこにあった。

Sさん夫婦が仲良く悲鳴を上げると、怪しい人影はライターの火とともに、パッと消えた。

翌日、マンションの管理人を捕まえてその話をすると、「もしかして、あのお爺さんですかね……」と、神妙な顔をされた。

管理人の話によれば、Sさん夫婦が住んでいる部屋には、つい一昨年まで、身寄りのない老人が一人で住んでいたという。

性格的に問題の多い人で、よく他の住人とトラブルを起こしていた。おかげで誰からも相手にされていなかったが、そんな彼が、ある日突然警察に連れていかれたことがあった。

どうやら老人には、盗癖があったらしい。

老人の部屋からは、段ボール一箱分もの、大量の使い捨てライターが押収された。どれも、近くのコンビニやホームセンターで、万引きしてきたものだったようだ。

なぜ老人がライターばかりを好んで盗んでいたのかは、よく分からない。彼もまた、タバコは一切吸わなかったという。

「誰からも相手にされない自分の存在を、世の中にアピールしたかった……ということでしょうかね」

話をしてくれた管理人は、ワイドショーのコメンテーターみたいな適当なことを言いながら、小さく溜め息をついてみせた。

もっとも、この逮捕劇だけで済んでいれば、どうということもなかったのだろう。

……警察に連れていかれた老人は、すぐに勾留を解かれて、家に戻ってきた。

そしてその日のうちに、部屋で焼身自殺を図った。

頭から灯油を被り、火を点けたという。もっとも灯油の量が少なかったのか、燃えたのは頭だけだったらしい。

……こうして主を失った部屋は、その後Sさんの親戚に、「事故物件」として格安で買い取られることになった。そして、何の説明もなくSさん夫婦に貸し出された――と、こういうわけだ。

事情を知ったSさん夫婦は、すぐに引っ越し直すことに決めた。

……ただ、集まった大量のライターについては、そのまま持っていくことにした。

そもそものライターの出所を思えば、そうせざるを得なかったからだ。

老人には盗癖があった。つまり――これも盗品だったのだろう。

「幽霊が万引きしたなんて言っても、誰も信じないでしょ。引っ越す前に処分したら、絶対うちが犯人扱いされると思って。……この話、よそでしないで下さいね？」

Sさんは、この出来事を打ち明けた数少ない相手には、必ずそう付け加えていたようだ。

すでにSさん夫婦の所在が分からなくなって久しいので、敢えてここで紹介させていただいた次第である。

ちなみに問題の老人については、Sさんの親戚が近くのお寺に頼んで、改めて供養してもらった

——とのことだ。

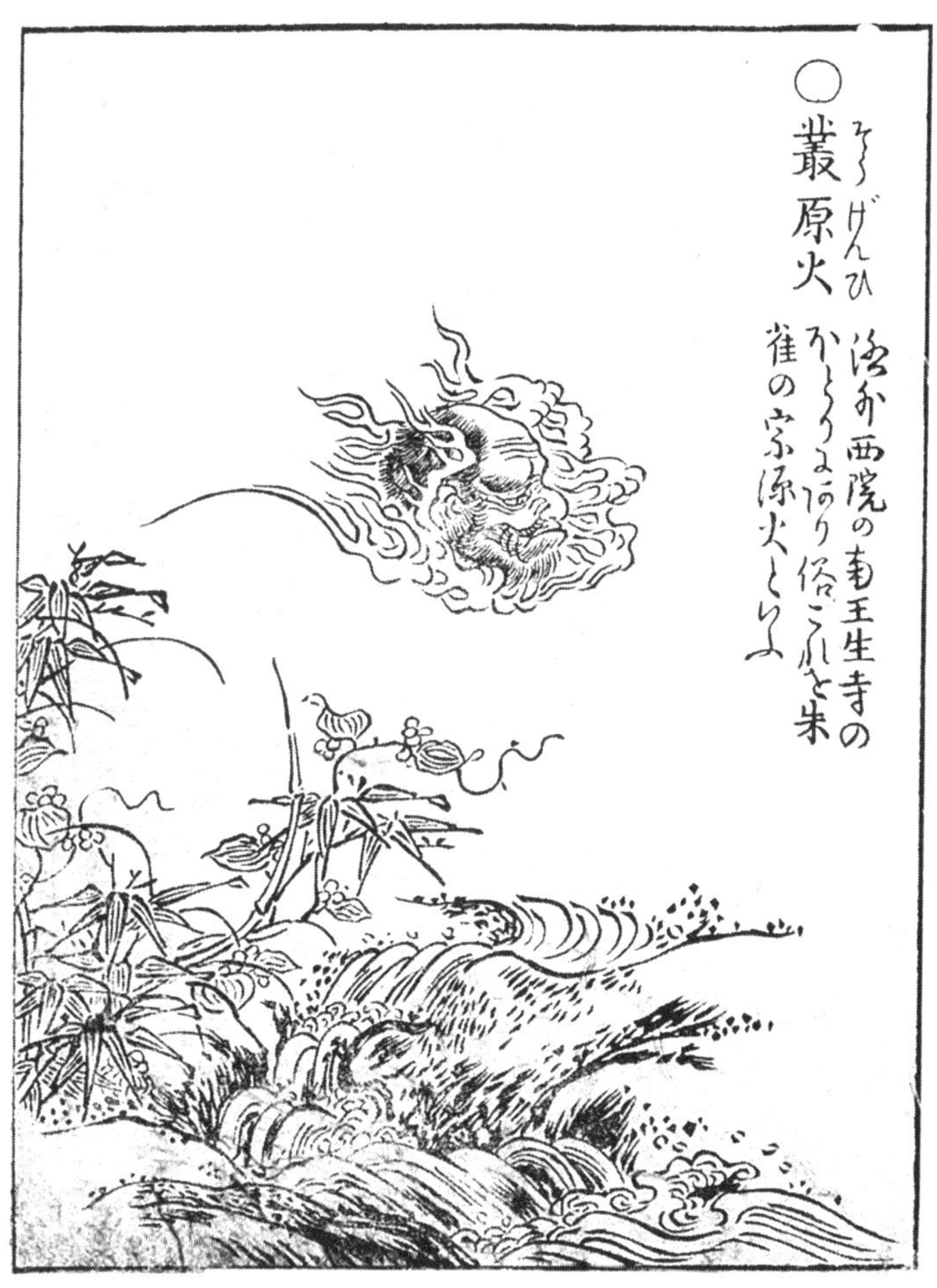

○叢原火（そうげんび）

第十八話　樹の上に

男性会社員のGさんが、今から四十年ほど前、中学に上がったばかりの頃の話だ。

Gさんには弟がいる。こちらは当時、まだ小学二年生で、Gさんによく懐いていた。

ある日のことだ。学校からの帰り道、Gさんが近所の空き地の前を通りかかると、不意に「兄ちゃん！」と、弟の呼ぶ声が聞こえてきた。

空き地の隅には、大きな欅（けやき）の樹が立っている。声はその樹上からする。

目を凝らすと、青々と繁った葉の陰に隠れて、弟が枝にしがみついて泣いているのが見えた。

どうやら木登りをしていて、下りられなくなってしまったらしい。

位置は、地面からだいたい三メートルといったところか。樹全体の高さから見れば、三分の二程度だが、それでも落ちれば怪我は免れない。

Gさんは急いで樹に駆け寄ると、カバンをその場に放り出して、弟を追って登り始めた。

もともと木登りは得意だから、すぐに中ほどまで差しかかる。

「今行くからな！」

そう声をかけ、弟との距離を慎重に詰めていく。

体を支えられるだけの太い枝に足をかけ、片手を上に伸ばすと、弟の手がギュッとつかみ返してきた。

……その時だ。

「兄ちゃん、カバン置いて、何してるの？」

ふと、下の方から弟の声が聞こえた。

Ｇさんが驚いて見下ろすと、ちょうど空き地の手前に、ランドセルを背負った弟が立って、こちらを眺めている。

——じゃあ、樹の上にいる弟は？

そう思った途端、Ｇさんの腕がグイッと持ち上がった。

ハッとして見上げると、さっきまで泣いていたはずの「弟」がニヤニヤ笑いながら、Ｇさんの体を、片手だけで引っ張り上げようとしている。

凄(すさ)まじい力だ。明らかに、小学二年生のものではない。

「うわぁっ！」

Ｇさんは叫び、がむしゃらに腕をバタつかせて、「弟」の手を振り解いた。

同時に、体が宙に投げ出された。

Ｇさんはそのまま、枝に何度かぶつかり、どさりと地面に落ちた。

足に酷(ひど)い痛みを感じつつ見上げると、笑いながら樹の天辺へと消えていく、「弟」の姿があった——。


その後救急車で病院に運ばれたＧさんは、しばらくの間、骨折で入院する羽目になった。

退院してからも一ヶ月ほど、松葉杖での生活が続いた。

友達に手を貸してもらいながら学校から帰る時、あの空き地の前を通ると、いつも欅の樹の上から「弟」の顔だけがぶら下がり、ニヤニヤ笑っていた。

夕方遅くなった時などは、その顔が薄青白く光っていたそうだ。

もっとも、それが見えたのは、Gさんだけだったようである。

しかし、やがて空き地に工事が入り、欅の樹が切り倒されると、そんな出来事も起きなくなった。

結局、なぜ弟の顔だったのかは、最後まで分からず終いだったという。

○ 釣瓶火（つるべび）

第十九話　ハト屋敷

僕の家の近くには、「ハト屋敷」がある。

ハト屋敷というのは、その名のとおり、やたらとハトが群がる家だ。どうやら全国的に存在するようで、ごくたまにニュースで見かけたりもする。

もちろんハトが独りでに群がってくるわけではなく、大抵は住人の餌付(えづ)けが原因だという。

ハトは一見可愛らしいが、実際には糞害や悪臭をもたらし、害虫や病原菌の媒介もするため、決して手放しに愛(め)でられるものではない。だから当然この手の家は、近所から迷惑がられることになる。

僕の家の近所にあるハト屋敷も、たびたび近隣とトラブルになっている。

それでも餌やりは、やまない。

この家は路地裏に建つおんぼろの平屋だが、毎日定時になると、ガタガタと戸が開いて、お婆さんが顔を出し、道に餌を撒き散らす。すると近くで待機していたハト達がいっせいに押し寄せて、餌を啄(ついば)む。

なかなか迫力のある光景だ。いや、人によっては、微笑ましいと感じるのだろうか。

もっともこのお婆さんは、餌を撒いたら、さっさと家の中に引っ込んでしまう。餌はやるけれども、集まったハトの姿を愛でる、というわけでもないらしい。

わけが分からない。

そのうちに、今度はおこぼれ目当てのカラスがやって来て、ハトを蹴散らす。何とも賑やかだ。

しかし一番の問題は、そこから少し離れた場所にもう一軒、似たようなハトだらけの家がある、ということだろうか。

……ハト屋敷が二軒見られる地域というのも、少し珍しいかもしれない。いや、べつに嬉しくはないが——。

さて今回は、そんなハト屋敷に関する話だ。

Fさんという会社員の男性が、五年ほど前に体験したことである。

当時Fさんの家の近所に、やはりハト屋敷があった。

住宅地の片隅に建つ、古びたトタンの一戸建てだ。赤茶けた屋根の上には、天気のいい日など、常に何十羽ものハトが止まっていた。

住んでいたのは一人暮らしのお爺さんで、どうやらこのお爺さんが餌付けをしていたらしい。近隣からの苦情には耳を貸さず、毎日朝昼夕の三度、定時きっちりに餌を撒いていたという。

Fさんも、餌やりの様子を何度か見たことがある。

それは決まって夕方の六時だった。会社からの帰り道、たまたまタイミングが合うと、餌やりをしているところへ通りかかる羽目になったそうだ。

お爺さんが餌に使っていたのは、ありふれたパンの屑（くず）で、それをまるで親の仇（かたき）のように、アスファルトに叩きつける。そうすると屋根からハト達がバサバサと降りてきて、軒下を灰色に染め上げ、パン屑を啄む。

クックックッ……とハト特有のくぐもった、耳をくすぐるような音が、路上に際限なく響く。

その様は、愛らしさを通り越して、不気味ですらあった。

ただ、あまりじっと眺めていると、なぜかお爺さんが怒り出す。だからFさんは、これに行き当たった時は必ず、急いでハト屋敷の前を通り過ぎるだけに留めておいたそうだ。


ある春のことだ。

夕暮れ時。Fさんがいつものように、ハト屋敷の近くに差しかかると、クックックッ……と、例によって夥しいハトの鳴き声が聞こえてきた。

ああ餌やりの時間か、とうんざりしながら、視線をアスファルトに落とす。

お爺さんと目を合わさず、ハトを蹴らないようにしながらやり過ごすには、どうしても下を見るしかない。

ところが、そのまま少し進んだところで、普段とは様子が違うことに気づいた。

「……あれ？」

つい足が止まった。

視界に、奇妙なものが映っている。

いつもならばそこには、見慣れた灰色のハトが群がり、餌を啄んでいるはずだった。

しかし――なぜか今日は、赤い。

アスファルトに撒かれたパン屑に、見たこともないような真っ赤なハトの集団が、わらわらと群がっている。

Fさんは戸惑いながら顔を上げ、まじまじとそれを眺めた。

そして、こんなハトっているのか、と我が目を疑った。

単に赤みがかったというレベルではない。

紅蓮だ。

まるで、夕陽を凝縮してそのまま鳥に仕立てたかのような、鮮やかな赤だ。

そんな燃えるような羽毛の塊が、ハト屋敷の前でモソモソとひしめいている。

Ｆさんはじっと、その異様な光景を眺め続けた。

真っ赤なハト達は、丸い頭を揺らし、丸い目で餌に狙いを定め、一心不乱にアスファルトを啄んでいる。

クックックッ……とくぐもった鳴き声が響く。

その様は、普段と何も変わらない。

やはりこれは、ただのハトなのだろうか。

なのに、なぜこんなにも赤いのか。

Ｆさんは不思議に思いながら、鞄からスマートフォンを取り出した。

カメラのレンズを路上に向ける。この光景を動画に収めるためだ。

だがその途端、怒鳴り声が響いた。

ハッとして顔を上げると、ハト屋敷のお爺さんがこちらを睨み、何やら叫んでいた。

どうやら「撮るな」と言いたいらしい。

お爺さんは、ひとしきり罵声をこちらに浴びせると、まるで逃げるように、急いで家の中に引っ込んでいった。

バタンとドアが閉まった。

驚いたハト達が何羽か舞い上がり、屋根に移ったが、群れの大半は堂々と餌を啄み続けていた。

クックックッ……と、鳴き声が耳をくすぐり続ける。

Fさんは肩を竦めてスマートフォンをしまうと、真っ赤なハトの群れに背を向け、その場を後にした。

ハト屋敷が全焼した――とFさんが知ったのは、その翌朝のことだ。

通勤の途中、焼け崩れたトタンの山を見てギョッとし、思わず足を止めた。

ちょうど野次馬の中に知人がいたので話を聞いてみると、何でも昨日の夕方に火の手が上がり、そのまま焼け落ちたらしい。

お爺さんは、助からなかったそうだ。

なお、このような最悪の結果になったのは、通報が大幅に遅れたためだという。

何でも消防車が到着したのは、火の手が上がった――と警察が見立てた――時間から三十分も経った頃で、すでに家は炎に包まれていたそうである。

……だが、それも奇妙な話だ。

住宅地での火災、しかも人通りのある夕方のことだというのに、なぜ通報がそこまで遅れたのか。

誰も火に気づかなかったのか。

ちなみに消防車が到着したのは、だいたい六時半頃だったそうだ。

しかし――そうなると、火が上がり始めたのは、六時ぐらいということになる。

それはちょうど、お爺さんがハトに餌をやっていた時間だ。

なぜお爺さんは、その時すぐさま玄関から逃げ出さなかったのか。

いやそもそも、なぜFさん自身、昨日ここを通った時に、火に気づかなかったのか。

……そう、Fさんも、お爺さんも、近所の住民も、誰も気づかなかった。

昨日の夕方、このハト屋敷は燃えてなどいなかった。

炎など、どこにも見えなかった。

ただ、代わりに——。

……Fさんの脳裏に、あの真っ赤なハト達の姿が浮かんだ。

あれは、本当にハトだったのだろうか。

不意に寒気を覚えた。

——もし昨日、自分が臆さずに動画を撮影していたら。

——そこには、燃え盛るハト屋敷が映っていたのではないか。

Fさんはそう考えたものの、こんな奇怪な話を到底口にできるはずもなく、急いでその場を後にしたそうだ。

なお焼け落ちた家の跡には、それからも毎日定時になると、ハト達が餌を求めて群がっていた、ということだ。

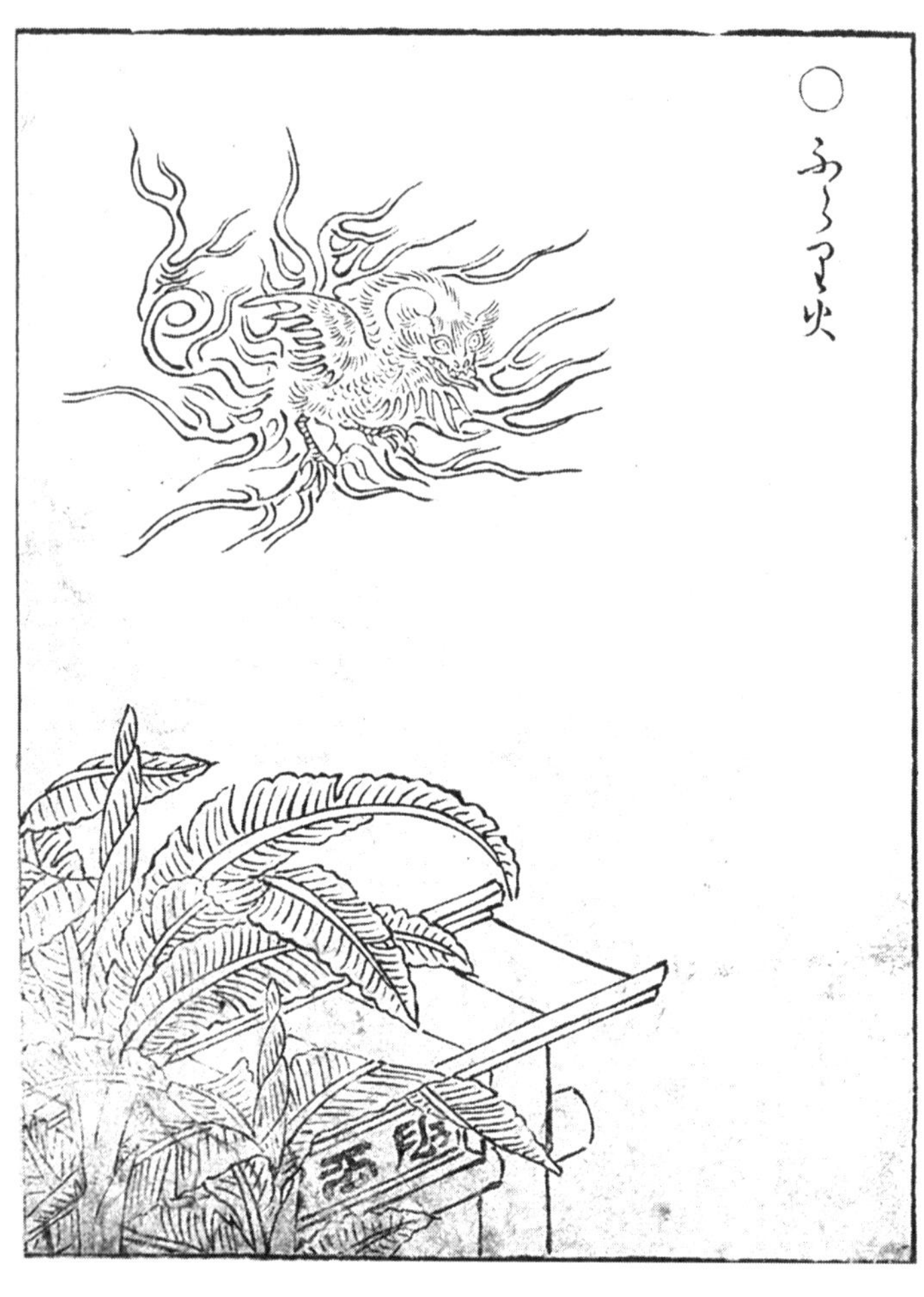

○ふらり火

第二十話

石油ストーブ

近頃の都心部の学校ではあまり見られなくなったが、僕が子供の頃は、東京でも冬になると、小学校の教室で普通に石油ストーブが焚かれていた。

周りを金網で囲った仰々しい装置で、家庭用のそれと比べても遥かにでかい。だから物珍しさもあって、休み時間には、よく友達とストーブの周りに集まっていたのを覚えている。

そんな石油ストーブにまつわる奇妙な体験を話してくれたのが、当時の恩師のS先生だ。

あの頃からすでに白髪頭だったS先生は、当然教職歴も長い。僕の子供の頃にはさすがに廃れていた「宿直」も、若い頃に普通に経験していたという。

宿直――というのは、先生が持ち回りで学校に泊まり込み、番をすることだ。要するに警備係である。

その宿直制度は、過去にいくつもの怪談を生んできた。

夜の学校で××先生がこんな恐ろしい体験をしたらしい――と、まことしやかに語られる噂が、かつてはいくらでもあった。

しかしS先生は、自分が体験したのは本物だ、と言って憚らなかった。

S先生が、まだ三十代の時のことだ。

雪の降りしきる冷たい夜だった。

ちょうど宿直のために泊まり込んでいたS先生は、今夜何度目かの見回りのため、寒さに震える体を叱咤して宿直室を出た。

午後十一時。気温はグッと下がり、布団が恋しくなる夜更けの時刻――。底冷えのする木造校舎の廊下を、ただ一つの懐中電灯の光を頼りに、ひとり歩いていく。

心細くなりそうな廊下の闇が、どこまでも続いていた。

そんな時だ。ふと曲がり角の先に、明かりの漏れている部屋があるのを見つけた。

六年生の教室だ。電気が点いているわけではないが、戸の磨りガラス越しに、赤い灯がぼぉっと浮かんでいる。

もしかしたら生徒が入り込んで、何か悪さでもしているのかもしれない――。

S先生は気を引き締めて、そちらへ向かった。

そばだてる耳に、物音は入ってこない。誰もいないのかもしれない。でも、あの赤い灯は……?

――まさか、火事か。

嫌な予感が胸をよぎった。S先生は廊下を小走りで急ぐと、問題の教室の前で立ち止まった。

明々と、中で何かが光っている。

鍵を閉めたはずの教室の戸に、わずかに隙間が出来ている。

S先生は、そっと覗いてみた。

石油ストーブに、真っ赤な火が燃えていた。

それを取り囲むようにして、黒い影がいくつもうずくまっていた。

火に照らされた顔は、どれもしわくちゃの老婆ばかりだった。

老婆達は一様に火を見つめ、何も語らずに、静かに涙を流していた。

「誰だっ！」

S先生はとっさに大声を上げて、戸をガラッと開けた。

同時にパッと火が消え、老婆達も姿を消した。

S先生は、ただ呆然と佇(たたず)むしかなかった。

再び暗闇に戻った教室は、つい今までストーブが燃えていたにもかかわらず、妙に冷え冷えとしていたという。

○姥(うば)が火(び)

第二十一話　猫と伯父

臨死体験——と呼ばれる話がある。

何かの弾みで死後の世界を見てしまった人の体験談で、世界中に例が存在している。日本でも、枚挙にいとまがない。

最も多いパターンは、寝ている間に夢の中で死後の世界を見る、というものだ。

体験した人の話では、そこは光溢(あふ)れる場所だったとか、一面の花畑だったとかいう。

川が流れていたと話す人も多い。「死後の世界は川の向こうにある」という概念は、大昔から存在しているが、それが影響しているのだろうか。

川の向こうには、すでに亡くなった祖父母らが立っていることが多いという。

彼らの行動は、主に二つのパターンに分かれる。

一つ目は、死後の世界に足を踏み入れようとした体験者を、元の世界に帰してくれるパターンだ。

——お前はまだ早い。戻りなさい。

彼らにそう言われて、ハッと目を覚ます——。これはよく知られた話だ。

二つ目のパターンは、まったく正反対である。

川の向こうから、手招きを繰り返している——というものだ。

その手招きにつられて川を渡ろうとすると、すぐ後ろから家族の呼ぶ声が聞こえてくる。ハッと目を覚ますと、自分は病院のベッドにいて、心配する家族に見守られていた……という形で、この話は終わる。

もちろん「臨死」体験である以上、最後に話者が戻ってくるのは間違いない。しかし、血縁者によって死の世界に連れ込まれようとしていた——と考えると、ずいぶんと後味の悪い話だ。

さて、今回はそんな臨死体験の、少し特殊な例をご紹介したい。


Kさんという編集者から聞いた話だ。

Kさんには、伯父（おじ）が一人いた。数年前に他界したが、亡くなる半年も前から、大病で入院していたそうだ。

以下はその伯父が、入院してすぐに体験したという出来事である。


——ある夜、伯父はこんな夢を見た。

体が赤ん坊に戻っていた。

まだ若々しい母親に抱かれ、幼い日の記憶をもう一度繰り返していた。

懐かしいな——と思っていたら、すぐに体が大きくなって、園児になった。

母親の姿は消え、代わりに友達に囲まれて、幼稚園の庭を走り回っていた。

はしゃいでいるうちに小学生になり、この頃から飼い始めた猫と、家で遊んでいた。

真っ白で、きれいな猫だった。しかしまったく懐いてくれないので、すぐに遊ぶのをやめて、いじめ始めた。

いじめすぎたのだろう。猫は一月（ひとつき）ほどで、親戚に貰われていった。

中学に上がり、悪い友達が増えた。教師から呼び出されて説教を食らった日の記憶が、ここでまた繰り返された。

高校に上がり、悪い友達はさらに増えた。

大勢で、夜中にバイクを飛ばしていた。これもよくやったなぁ、と懐かしんでいたら、不意に転倒した。夢の中なのに、妙に生々しい痛みを覚えた。

思えばこの事故がきっかけで、暴走行為からは足を洗ったのだ。

気がつくと大学に進学し、当時盛んだった学生運動に参加していた。

夢の中で機動隊員と揉み合いながら、そういえばこれもブームに乗っただけで、すぐに飽きてやめたっけな——と思い出した。

次の記憶は、大学を卒業した後だ。働きもせずに、一人暮らしをしている安アパートで遊び惚（ほう）けていた。そこへ母から電話がかかってきて、父が倒れたと告げられた。

父は少しして亡くなった。伯父は、ようやく就職した。

就職先は、地元の小さな会社だった。小さすぎて、出世など初めから考えられなかった。

そこから先は、無味乾燥な記憶ばかりが、矢継ぎ早に流れた。

結婚式の記憶もあった。数年後に離婚した記憶と併せて、まとめて追体験した。

やがて母も亡くなった。幸い弟——つまりKさんの父親——を始め、親族との付き合いはあったから、孤独になることはなかったが、それでも自分が鼻つまみ者だという自覚は、常に付きまとっていた。

稼ぎもない。家庭もない。

俺はろくなもんじゃない、と思った。

やがて、定年退職を間近に控え、倒れた。追体験はそこで終わった。

気がつくと――一面の花畑に囲まれていた。

どうやらここが、走馬灯の終着駅らしい。

――死にかけているんだ。

何となく、それが分かった。

川が見えた。行ってみると、亡くなった両親が向こう岸に立って、こちらをじっと眺めていた。

二人は無言だった。呼ぶでも、追い返すでもない。

ただ、川の向こうは光が溢れていたから、「これなら行ってもいいかな」と思った。

伯父はゆっくりと、川に足を踏み入れようとした。

……その時だ。

にゃぁ、とすぐ後ろで猫の鳴く声がした。

振り返ると、子供の頃に飼っていた白猫がいて、伯父を見上げていた。

――そっちに行くな。

何となく、そう言われているような気がした。

猫は伯父に向かってもう一声鳴くと、川に背を向けて、歩き出した。

伯父は、ついていくことにした。

猫は時折振り返りながら、まるで伯父を案内するように、とことこと歩いていく。

次第に辺りが暗くなり始めた。

光ある世界から、徐々に遠ざかっていくのが分かった。ふと猫の行く手を見ると、花畑の途切れた先に、真っ黒な空が広がっていた。

――あそこへ行ったら、目が覚めるのだろうか。

そう思いながら、伯父は歩く足を速めた。

………………。

「おい、何やってるんだ！」

突然そう叫ばれて、ハッと目を覚ました。

気がつくと伯父は、病室の窓辺にいた。

医師が背後から、自分を羽交い締めにしている。

目の前には、開け放たれた窓と、地上五階の夕暮れの景色が広がっていた。

……聞けば、伯父は眠ったまま突然起き上がり、窓を開けて、下の駐車場に飛び降りようとしていたらしい。それを見つけた医師が、慌てて止めたというわけだ。

あの猫は――どうやら、伯父を助けにきたわけではなかったようだ。

しかし、自ら川を渡ろうとしていた伯父を、なぜわざわざ引き止めたのか。いや、そもそもあの猫は、伯父をどこへ連れていこうとしていたのか。

――川の向こうには、光が溢れていた。

――しかし猫が導く先には、真っ黒な空が広がっていた。

もしこれらが、どちらも「死後の世界」なのだとしたら――。

……伯父は猫に案内されて、地獄に落ちかけていたのかもしれない。

以上――Kさんが、生前の伯父から直接聞いた話である。

もっともこれだけなら、伯父がただ夢を見て寝惚（ねぼ）けただけ、とも解釈できる。

しかしＫさんは、さらにこの話の奇妙な後日談も語ってくれた。

Ｋさんは猫を飼っている。

かつて伯父のもとから貰われていった白猫の、何世代か後の子供を、譲り受けたものだという。

……その猫が、ある時一度だけＫさんの前で、妙な振る舞いを見せたらしい。

それは、伯父が他界して数日後のことだった。

Ｋさんは家に猫を残して、伯父の葬儀に出ていた。

葬儀は滞りなく進んだ。出棺の前にみんなで別れ花を納め、副葬品として、伯父の愛用していた木製のパイプを、棺の中に添えた。

それから火葬場で伯父を骨に還し、いくつかの儀礼的な決まり事を終え、Ｋさんが家に帰った時には、すでに真夜中になっていた。

猫は家の中で、元気に動き回っていた。

見れば、口に何かを咥えて、噛んだり転がしたりしながら遊んでいる。

何だろうと思い、Ｋさんは覗き込んだ。

そして――思わず表情を凍りつかせた。

……それは、伯父の棺に確かに納めたはずの、あのパイプだったそうだ。

猫は強張るＫさんを一瞥すると、すぐにパイプを放して、走り去っていった。

パイプは後日、Ｋさんの手で、伯父の墓に供えられた。

猫がなぜ伯父のパイプを持っていたのかは、分からない。ただ、半年前の伯父の臨死体験や、猫があの白猫の子孫であることを思うと、何とも薄気味の悪い、因縁めいたものを感じてしまう。

だからKさんは、パイプの出所を、親族には一切話していない。

——葬儀が終わった後、会場に落ちているのを見つけて拾った。

とりあえず、そう誤魔化しておいたそうだ。

結果的にKさんに庇（かば）われる形になった猫は、今でもKさんの家で、安穏（あんのん）と暮らしている。

○火車(かしや)

第二十二話　怪音

かつて、僕の本をドラマCD化するということで、監修のため、収録スタジオにお邪魔したことがある。

実はその時、少し奇妙な出来事に遭遇した。

前半の本番を終え、休憩時間を挟み、後半の収録テストを始めようとした時だ。

声優さん達が集まっているブースの、その壁の外で、不意にゴトッ……と、何かがぶつかるような音が鳴った。

……起きたのはそれだけである。しかし、途端に全員がざわついた。

なぜなら、そこがブース内――つまり、完全に防音設備で守られた空間だったからだ。

ブースの中というのは、一度扉を閉めてしまえば、隣接するコントロールルームからの声を除いて、外部の音が入ってくることはない。壁越しに物音が聞こえるなど、普通はあり得ないのだ。

それに、音が鳴った壁の向こうには、隣室や通路などは一切なかった。

ならば、壁の向こうが建物の外で、外壁に何かがぶつかったのでは……と考えるのはどうか。しかし、実はこれもあり得ない。

そもそも、このスタジオは地下にあるのだ。外壁に何かがぶつかること自体、起こるはずがないのである。

……そんなわけだから、当然ブースにいた全員が、瞬時に真顔になった。

主人公役のS野さんが、「ここ、よく出るらしいですよ……」と言って、周りにいた女性陣がますますざわついた。

そこで、様子を見ていた監督がすぐにみんなを宥めて、その場を収めたが……。まあ、それは単に時間が押していたからだろう。

さて、前振りが長くなったが――。今回は怪音にまつわる話である。


S県に在住のYさん夫婦は、新居に引っ越して以来、よそから聞こえてくる生活音に悩まされていた。

もともと安めの中古物件で、不動産屋からも、「音が気になるかもしれません」と言われていた。だからあらかじめ覚悟はしていたのだが、いざ住んでみると、その「音」というのが、ずいぶんと不可解な代物だった。

例えば、いつも夕方の五時になると、目覚まし時計のアラームが響いてくる。

……朝ではない。夕方だ。

それを境に、五時半、六時、六時半、七時……と、だいたい三十分置きぐらいに、何度もアラームが鳴る。

もっともアラームの音色はバラバラだから、それぞれ違う目覚まし時計が鳴っているのだろう。

さらに、アラームが鳴り始めるのと前後して、パタパタと歩く足音や、洗面所で水を流す音が、繰り返し聞こえてくる。

どうやら複数の人間、あるいは複数の世帯の生活音が、集中しているらしい。

しばらくすると、バタンバタンと、ドアの開閉音が何度も鳴る。その後は、洗濯機や掃除機の音が延々と続く。

この時点で、だいたい夜の十時前後だ。

家事の音が終わると、今度はテレビの音声が聞こえてくる。あるいは走り回ったり、ピアノを演奏したり――と、この辺からいろいろな種類の音が入り乱れることになる。

休日には、金槌（かなづち）やドリルの音が延々と響いてくることもある。日曜大工だろうか。

……改めて言うが、昼間ではなく夜に、だ。迷惑なことこの上ない。

このような生活音が夜中の間もずっと続き、明け方になるとパタリとやむ。

幸い、音の一つ一つはそれほど大きくない。だから寝不足になるほどではないのだが、さすがに毎日繰り返されると、ストレスも溜まろうというものだ。

おかげでYさん夫婦は、すっかりノイローゼ気味になってしまった。

いったいどれだけ、周りに夜型の人間ばかり住んでいるのか知らないが、さすがに限度がある。

「これじゃ、まともに生活できないじゃん。文句言いにいこうよ」

奥さんにそうせっつかれて、Yさんもその気になった。

……ただ、この時Yさんは、まだ音が**どこから**聞こえてくるのか、意識したことがなかった。

そして次の土曜日――。夕方、いつものようにアラームが聞こえたタイミングで、Yさんは奥さんと一緒に、家の外に出た。

……しかし、何も聞こえない。

家の中まで響いてくるはずの近隣の生活音が、玄関から一歩出た途端、まったく消えてなくなったのだ。

Yさんは奥さんと顔を見合わせ、一度家の中に戻った。すると、やはり音が聞こえる。

耳を澄ませてみると、どうやら上から響いてくるらしいと分かった。

「どういうこと……？」

奥さんが気味悪げに尋ねた。

……Yさんの家は、一戸建てだった。

それからYさんは、音の出所を探って、家の中をうろうろする羽目になった。

この新居は二階建てだが、一連の生活音は、当然二階から出ているわけではない。もしそうなら、二階に別の誰かが住んでいることになってしまう。

「屋根の上から……かな」

二階で耳を澄ませながら、Yさんはそう考えた。音が、二階のさらに「上」から聞こえているからだ。

しかし、試しに外に出て見上げてみても、特に誰かがいるわけではない。

そうなると――他に可能性がある場所は、一つしかない。

……屋根裏だ。

Yさんは朝を待って、屋根裏を調べてみることにした。

屋根裏には、押し入れの中から上がることができた。

懐中電灯を手に、暗い空間に体を差し入れると、すぐに埃（ほこり）の臭いが鼻をついた。

朝だからか、音はしない。まったくの静寂が、屋根裏の闇の中に横たわっている。

Yさんは恐る恐る、懐中電灯の光を巡らせてみた。

すると——ふと、奇妙なものが目に留まった。

屋根裏の一角に、それはあった。

「……何だこれ？」

思わず素っ頓狂な声が、Yさんの口から飛び出した。

そこにあったのは、高さ数十センチほどの、木造家屋……のミニチュアだった。

それも、一つだけではない。それぞれ形の違う小さな家が、全部で八つ。屋根裏の一角に、まるで町でも作るかのように、ひっそりと並べてある。

ドールハウスというやつだろうか。しかし、どうしてこんなものが屋根裏にあるのだろう。前に住んでいた人の置き忘れか。それとも、もっと前からあったものか。

いずれにしても——これが音の原因としか思えない。

Yさんは一度屋根裏から下りると、奥さんに事情を説明して、問題の小さな家をどうするか相談してみた。

「捨てちゃえば？」

当然、他に答えがあるはずもない。Yさんは奥さんと協力して、八つの小さな家をすべて運び出し、金槌で叩き壊してゴミ袋に詰めた。

こうして、Yさん夫婦が音に悩まされることは、ようやくなくなった——。

……と、この時はまだ、そう思っていた。

ミニチュアを壊した、その日の夕方のことだ。

Yさん夫婦がすっかり油断していると、五時になったタイミングで、突然目覚まし時計のアラームが聞こえてきた。

屋根裏からではない。屋根裏にしては、いつもより音が大きい。

Yさんが呟いた。確かにアラームは、二階の寝室で鳴っているようだ。

「……寝室か？」

二人は恐る恐る、寝室を覗いてみた。

しかし――誰もいない。鳴っている時計もない。

にもかかわらず、音だけがはっきりと聞こえている。

しかも距離が近いせいか、いつもよりけたたましい。

Yさんが顔をしかめていると、不意にそのアラームが、ピタッと止まった。

続いてベッドの方から、カサカサと衣擦(きぬず)れの音がして、何かがペタペタとYさん夫婦のもとへ歩いてきた。

……いや、実際に歩いてきたわけではない。あくまで「音」だけだ。

「うわぁ！」

つい悲鳴を上げて仰(の)け反ったが、足音はYさん夫婦を無視して、廊下へ出ていった。

そして洗面所へと向かい、バシャバシャと顔を洗う音が鳴り響いた。

……だがもちろん、これは始まりに過ぎなかった。

それから三十分ほどすると、また寝室でアラームが鳴り、すぐに別の誰かが起きてくる。また三十分後には、次の誰かが。そのまた三十分後には、さらに次の誰かが――。

こうして家中が足音だらけになると、今度はドアがバタンと鳴ったり、掃除機の音が行き来したり、テレビのない部屋から延々とテレビの音声が流れたり、ベランダで布団が叩かれたり、台所で炒め物が始まったり……と、とにかくやかましい。

もはやすべての生活音が、家のそこかしこで鳴り響いていた。これでは気味が悪い以前に、騒音に等しい。

「なあ、もしかしてあの小さい家って、これを防ぐために、わざと置いてあったんじゃ……」

Yさんがハッと気づいて言うと、奥さんも表情を強張らせた。

とは言え――すでに後の祭りだった。


それからYさん夫婦は、別の家に引っ越すかどうかで、大いに揉めた。

しかし結局は金銭的理由から、「新しいミニチュアを買い直した方が早い」ということで、話がまとまった。

最近はホビーショップなどで、完成品が簡単に手に入る。さっそく小さな家を八つ、屋根裏に置き直したところ、ようやく音は家の中から「上」へと帰っていった。

こうしてYさん夫婦の家は、多少ましな状態に戻った……となればよかったのだが。

しかしあいにく、まだまだこれだけでは終わらなかった。

騒動から半年後――。Yさん夫婦がようやく音に慣れた頃、屋根裏とは別にまた家の中で、新たな生活音が聞こえてくるようになったという。

慌てて、新しいミニチュアを買って屋根裏に並べると、音もそちらに移った。

だから今、Yさんの家の屋根裏には、九つの小さな家が並んでいる。

いずれもっと増えるかもしれない――。

Yさん夫婦は、とにかくそれが気がかりなのだそうだ。

○鳴屋（やなり）

第二十三話　子育て

都内某社で人事を担当している、Aさんから聞いた話だ。

「これは怪談なのかな。実は、ちょっと気味の悪い思いをしたことがあるんですよ」

そう言ってAさんが語ってくれたのは、数年ほど前の出来事だった。

Aさんの下で働いている社員に、Yさんという男性がいた。歳は三十代。人当たりがよく、仕事もきちんとこなせる、優秀な部下だった。

ところがある年の春頃から、そのYさんの様子がおかしくなった。

顔がやつれ、徐々に肌の艶が失せ始めた。寝不足なのか目の下にはいつも隈(くま)ができ、髪はボサボサのままで、髭(ひげ)の剃り忘れも目立ってきた。

仕事のしすぎじゃないのか——と周りは心配したが、Yさん本人は「大丈夫です」と言って、普段どおり出社を続けていた。しかし限界が来たのだろう。数ヶ月経った梅雨の頃、ついに「会社を辞めたい」とAさんに相談してきた。

事情を聞いたAさんに、Yさんはこう答えた。

「妻のノイローゼが酷くて……。もう、一人にしておくのは無理なんです」

実は言ってなかったのですが——と前置きして、Yさんはこう続けた。

「流産したんです。この春に」

そのせいでYさんの奥さんは、すっかり精神的に参ってしまったのだという。初めはずいぶんと落ち込み、時々泣き出す程度だった。いや、「程度だった」という表現は酷だが、実際奥さんのノイローゼは、その段階ではまだ軽い方だったのだ。

「その時は、僕が優しく話しかければ治まったんですけど……、だんだん様子がおかしくなっていきまして」

Yさんの言うには、奥さんは次第に、我が子がそこにいるかのように振る舞い出したらしい。誰もいないベビーベッドの横に座り、静かに子守唄を歌ったり、布団を覗き込んで微笑んだりする。それも昼間だけではない。夜中に突然跳ね起きて、「あの子、夜泣きしてる」と呟き、赤ん坊をあやすような仕草を延々と続けることもあった。

Yさんは戸惑いながらも、奥さんに言った。

「あの子はもういないんだよ。とても辛いことだけど、供養のためにも、あの子の死をきちんと受け入れてあげようよ」

しかし奥さんは、きょとんとした顔で答えたそうだ。

「変なこと言わないで。ちゃんとここにいるじゃない」

そう言って奥さんは、何かを抱きかかえるようにして、静かに体を揺らし始めた。状況はかなり深刻だった。

また、こんなこともあった。ある日Yさんが帰宅すると、家の中に赤ん坊の泣き声がした。ギョッとして寝室に行くと、そこでは奥さんが何もない虚空を抱き締めながら、赤ん坊の声色で泣いていた。

Yさんの姿に気づいた奥さんは泣くのをやめ、自分の目にしか映らない赤ん坊を見下ろして、にっこりと微笑んだ。

「お腹空(す)いた？　じゃあご飯にしようねー」

胸をはだけ、奥さんは愛(いと)おし気な眼差しで、自分の乳房の辺りを見つめ続けた。

そんな日々が続くうちに、奥さんの「病」は、ついにYさんをも巻き込み始めた。

Yさんが同じノイローゼになった――というのではない。文字どおり「巻き込んだ」のだ。

「パパ、ちょっと今手が離せないから、この子をお願い」

休みの日、家にいたYさんに向かって、突然奥さんがそんなことを言ってきた。

Yさんはポカンとしながら、奥さんを見つめ返した。両腕をグッと突き出した奥さんは、「早く抱っこしてあげて」とでも言いたげに、じれったそうにYさんを睨んでいる。

Yさんが恐る恐る虚空を抱き締めると、奥さんは笑顔に戻り、フラフラと寝室に入って、すぐに寝息を立て始めた。

それ以来Yさんは、自分が出勤している間、「子供」を預かることにした。

「昼間は僕が引き受けるよ。うちの会社には託児所があるし、ちゃんと保育士の人もいるから、心配しないで」

Yさんがそう言うと、奥さんは素直に頷いた。

確かにここ最近は、社内に託児施設を設けている会社も存在する。もっともそういうことができるのは、余裕があるごく一部の企業だけだ。少なくともYさんの会社は、これには当てはまらない。

嘘をつくのは心苦しかった。しかしこの嘘があれば、少なくとも一日の半分ぐらいは、奥さんの心の負担を和らげられるはずだ――とYさんは考えた。

その日からYさんは、いるはずのない「子供」を車に乗せ、奥さんに見送られながら会社に通い出した。

ところが、今度は頻繁に、日中に奥さんからショートメッセージが届くようになった。

『あの子はどうしてる？』

『ちゃんとミルクは飲んでくれた？』

『今、お昼寝中？』

三十分おきにスマートフォンに届くメッセージに、Yさんは「失敗した」と内心思ったそうだ。

家に帰り、「子供」を奥さんに抱き渡す仕草をしながら、Yさんはさすがに文句を言った。

「仕事に差し支えるからさ、ああいうのは程々にしてもらえないかな」

奥さんは「子供」を抱きかかえながら、険しい顔でYさんを見つめ返した。

「だって心配なんだからしょうがないでしょ？　じゃあ私も会社についてっていい？」

「いや、そんなことできるわけないだろ！」

「何で、できるわけないの？」

互いの声が、次第に大きくなっていく。と、そこで不意に奥さんが口を噤み、それから赤ん坊の声色で泣き出した。

Yさんが押し黙る。奥さんは泣きやむと、何もない腕の中に頬擦りし、Yさんに言った。

「大きな声出さないで。この子が可哀想」

Yさんは何も言い返せず、奥さんが「子供」を抱いて寝室に消えていくのを、じっと見送るしかなかった——。

……ここまでを打ち明け、YさんはAさんにこう言ったそうだ。

「最近僕にも、『あの子』が見えるようになってきた気がするんです。いや、見えるっていうか、見えている気持ちになるのが当たり前になってきたっていうか……。今はね、抱っこじゃなくて、おんぶしてるんですよ、ほら」

Yさんは軽く身をよじり、Aさんに背中を見せた。

もちろんそこには、誰もいなかった。

とにかく——この日を境に、Yさんは会社を辞めていったそうだ。

話を聞き終えた僕は、率直な感想をAさんに伝えた。

「まあ、気味が悪い……って言ってしまうと、身も蓋もない気もしますね。これはどちらかと言うと、哀しい話だと思いますよ」

何より一番辛い思いをしたのは、当の奥さんだろう。

僕がそんな意見を口にすると、Aさんは真顔で言った。

「でもね、Yはずっと独身で、家族なんかいないんですよ。いったい誰と子育てしてたんですか、あいつ——」

○姑獲鳥（うぶめ）

第二十四話　波の静かな夜に

S県在住のJさんという男性が、中学生の時に体験した話だ。

Jさんは、港町の生まれだった。

夏休みのある日、友達数人から「夜釣りに行かないか」と誘われた。

聞けば、七時ぐらいから、近くの堤防で釣り始めるという。

終わるのも九時かそこらだというので、それなら親に何か言われることもないだろうと思い、Jさんも付き合うことにした。

……ただ、家族にその話をすると、祖父からおかしなことを言われた。

「万が一、海の上に妙なものが見えても、絶対に声を上げたり、音を立てたりしちゃぁいけん」

どういうことかと尋ねても、「あまり口に出して言うもんじゃない」と忌まわしげに呟くばかりで、それ以上は教えてくれない。

Jさんは仕方なく、心の片隅に留めておくだけにした。


その日は、風のない穏やかな夜だった。

Jさん達は堤防に集まり、さっそく思い思いに釣り糸を垂らし始めた。

他に釣り人の姿はない。魚が食いつくのを待ちながら、友達と気兼ねなく喋(しゃべ)っていると、いつもより声がよく響くのに気づいた。

風がなく、波音が小さいためだろう。「あまり騒ぐと魚が逃げる」と一人が呟き、自然とみんなが無口になった。

ふと顔を上げると、波の静かな黒い海原を、月が煌々（こうこう）と照らしている。

明かりと言えば、各々が持ってきた懐中電灯ばかりだ。彼方（かなた）の月を邪魔するものは、何もない。

思わず、しばし見入った。

……だが、その時だ。Jさんは沖の方に、何かおかしなものが見えるのに気づいた。

それは、黒い影だった。

形は人に見える。

それが月明かりの中、海原の真ん中に、ポツンと佇んでいる。

船に乗っているわけではない。ただ何もない海の上に、文字どおり――立っている。

妙だ……と思ったところで、不意に祖父の言葉を思い出した。

――万が一、海の上に妙なものが見えても、絶対に声を上げたり、音を立てたりしちゃぁいけん。

あの言葉は、コレのことではないのか。

Jさんが思わずゾクリ、とした時だ。

「なあ、あれ、人に見えんか？」

友達の一人が沖を指し、小さく叫んだ。

同時にJさんを除く全員が顔を上げ、沖を見た。

そして――「人がいる！」と口々に騒ぎ始めた。

もはや止める間などなかった。

途端に海上の黒い影が、すぅっと動いた。まるで海の上を滑るように、スルスルとこちらに迫ってくるのが分かった。

「わぁっ！」

全員が叫んで、バタバタと逃げ出した。

――ただ一人、Ｊさんを除いて。

（音を出しちゃいけん！）

Ｊさんは、祖父の言葉を懸命に思い出しながら、その場にしゃがみ込んだ。

……いや、実際には足が竦んで、動けなかっただけかもしれない。

そんなＪさんのすぐ目の前に、黒い影が、ぬっ、と上がってきた。

それは間近で見ても、影のように真っ黒だった。

真正面にいるのに、細部がまったく見えない。ただ――見えないのは、向こうも同じようだ。

影が手を伸ばして、辺りを探り始めた。どうやら、こちらのことが見えていないらしい。

こうなったら、とにかく耐えるしかない。Ｊさんは口を噤み、息を殺し、わずかな音すら漏らすまいと、じっとし続けた。

……やがて影が、にゅうっと首を巡らせた。

そして横顔を、友達が逃げていった方へと向けた。

耳を澄ましてるんだ――。

Ｊさんがそれに気づいた瞬間だった。

影がスルスルと、堤防の上を滑り出した。みんなが走っていった方に向かって。

それから――「ぎゃぁっ！」という悲鳴がいくつも上がるのに、ものの数秒もかからなかった。

Ｊさんは、ただその場にしゃがみながら、声を殺して、静かに震え続けることしかできなかった。

Ｊさんが、たまたま通りかかった地元の人に声をかけられたのは、それから数十分ほど経ってのことだった。

事情を話すと、急いで友達の様子を見にいってくれた。

友達は、全員が堤防の上で気を失っていた。すぐに病院に担ぎ込まれ、それから数日間、原因不明の高熱に苦しみ続けた。

あの時、逃げた彼らの身に何が起きたのかは、分からない。意識を取り戻した本人達の記憶が、曖昧だったからだ。

……ただ確かなのは、熱が下がった後、全員がほぼ失明寸前まで視力を落としていた——ということだ。

「ああいう波の静かな夜は、音を頼りに、アレが寄ってくる……」

話を聞いたＪさんの祖父は、相変わらず忌まわしげに、そう呟いたという。

○ 海座頭（うみざとう）

第二十五話　下校放送

もう三十年も前のことだ。当時小学五年生だったNさんは、学校の放送委員会に所属していた。

放送委員会というのは、その名のとおり、校内放送全般に携わる委員会だ。一番大きな仕事はお昼の校内放送で、給食の時間中にアナウンスを挟みながら、音楽や朗読劇のカセットテープを流していく。言わばＤＪのようなことをやるわけだ。

もちろんこの他にも、朝礼で使うマイクを用意したり、掃除の時間にも音楽を流したりと、一日の仕事は多い。

これらの役目は、委員会の中で班に分かれて、持ち回りで分担する。今週はA班が担当、次週はB班が担当……といった具合だ。

そしてこういった仕事は、必ず放送室でおこなう。

職員室の隣に、防音の壁で囲まれた狭い一室があり、そこにひととおりの機材が揃っている。他にも、各種音楽のカセットテープや、アナウンス用の台本、お昼の放送で使うクイズの本など、いろいろなものが用意されている。

当番になった班はここで仕事をするわけだから、当然朝礼や掃除には参加する必要がない。給食も放送室に集まって食べる。おかげで、数ある委員会の中でも特別感が強く、率先して入りたがる生徒も非常に多かったという。

しかし——そんな大人気の放送委員の仕事の中で、唯一敬遠されるものがあった。

下校放送だ。

内容自体はとても簡単だ。下校時間に鳴るチャイムを合図に、あらかじめ決められている音楽を流し、下校を促すアナウンスをする。必要なアナウンスは一度きりで、あとは五分ほど音楽を流せば終わりだ。

決して難しい仕事ではない。それでもみんながこれを嫌がるのは、自分達が、まさにその下校時間まで、学校に残っていなければならないからだ。

もちろん小学校である以上、夕暮れまで待たされるようなことはない。だいたい三時半にもなれば、下校時間は来る。

それでも他の生徒達がみんな帰ってしまい、自分達だけが居残りも同然の仕事を強いられるのは、やはり面白くなかった。


ある時Nさんの班が、この下校放送を無視して帰った週があった。

下校のチャイムは自動的に鳴るのに、その後のアナウンスと音楽がない。これでは何のチャイムだったのか分からない――。そんな日が月曜から、三日続いた。

当然先生から注意された。班長だったNさんは、「うっかり忘れてました」と言い訳しつつ、観念して居残ることにした。

木曜日のことだった。

放課後、Nさんが放送室に入ると、同じ班のメンバーは誰も来ていなかった。

何のことはない、真面目に残ったのは、Nさんだけだったのだ。

三時半が来るまでの時間を、Nさんは仕方なく一人で待つことにした。

放送用の機材を眺め、操作手順を頭の中でおさらいする。アナウンス用の台本をそばに置き、練習のため、何度か声に出して読み上げる。

一人で放送するのは初めてだった。Nさんは緊張していた。

ふと、下腹に痛みを覚えた。緊張しすぎたせいだろうか。

時計を見た。三時十五分――。もうすぐ下校時間になってしまう。

今からトイレに行けば、下校のチャイムに間に合わない。

しかしチャイムが鳴るまで我慢すれば、そこからさらに五分間、ここにいなければならない。

躊躇したものの、Nさんはトイレを優先することにした。

足早に放送室を出て、職員室のそばにあるトイレに駆け込んだ。そこで用を足すうちに、下校のチャイムが鳴るのを耳にした。

間に合わなかった――。Nさんが落胆しかけた時だ。

不意に、校内のスピーカーが「ボッ」と、低い音を立てた。放送室でアナウンス用のマイクをオンにした瞬間に鳴る、特有の音だ。

誰か班の人が来てくれたんだ――。Nさんは安堵して、これから始まるであろう聞き慣れた下校放送に、耳を傾けた。

しかし、そこに流れてきた音は、予想とまったく違っていた。

……お経だった。

「えっ?」

ポカンとして顔を上げるも、スピーカーから響いてくる音声は、確かにお経だ。

聞き覚えのないしゃがれた男の声が、ただぼそぼそと、独特の節回しでお経を読み上げている。

Nさんがトイレから出ても、それは続いていた。

放送室に先生達が集まっていた。先生達は困惑しながら、機材と格闘していた。

スイッチを切っても、お経がやまない。テープを抜こうにも、そもそも、そんなお経のテープなんてセットされていない。

かと言って、誰かが生で読み上げているわけでもない……はずだった。

この日、無人の放送室から、謎のお経はきっちり五分の間、流れ続けた。

真面目なお化けだな——とNさんは呑気に、そう思ったそうだ。

後にも先にも、校内でお経が流れたのは、これ一度きりだという。

○野寺坊(のでらぼう)

第二十六話　ありふれた怪異

とてもよく知られた怪談に、こんなものがある。

「窓の外にいた人と言葉を交わし、相手が立ち去った後で、ここが二階だったのを思い出した——」

かなり古くからある有名な話なので、ご存知のかたも多いはずだ。

パターンによっては、まったく言葉を交わさない場合もあるが、要は「あり得ない高さの場所に人がいた」という部分が、この怪談のキモなのは、言うまでもない。

ネット上で生まれた怪談の中にも、これをモチーフの一つとして組み込んだと思しきものがあって、よく知られていたりする。今の世代にも、すっかり定着しているということだろう。

ただそんな具合だから、これと似た事例を収集しても、堂々と文字に起こしづらいところがある。

つまり、あまりにもありふれた怪異——というわけだ。

したがって、簡単に二篇だけ、紹介したい。


かつて都内で警備員のアルバイトをしていたTさんが、赴任先のショッピングモールで体験した話だ。

Tさんの仕事は夜勤である。モールの職員が引き上げる午後十一時から、警備室に二人で詰め、朝までに何度か、交代で見回りをする。

モールは四階建てで、中央が巨大な吹き抜け構造になっている。各フロアには、その吹き抜けをぐるりと囲むように、バルコニー式の廊下が延びており、それがモールのメインルートになる。

夜中の二時頃、Tさんが四階の廊下を歩いていると、すぐ先の手すりの向こうで、何かが動いているのに気づいた。

しかし、手すりの向こうと言えば、吹き抜けである。

不審に思ってTさんが懐中電灯を向けると、そこには髪の長い、まったく同じ顔をした女がずらりと並んでいて、全員で手すりに顎を載せて、こちらをじっと見つめていた。

Tさんはとっさに懐中電灯を消し、急ぎ足で女達の前を通り過ぎた。

そのモールでは、とてもありふれた怪異だ——とのことだ。


長年警備会社に勤めていたNさんも、過去にこれと似たものを見ている。

Nさんが警備を任されていたのは、高名な某タワーだ。

さすがに詰めている人数も多く、巡回も手分けしておこなうが、それでも一人きりになることには変わりない。

夜間の誰もいない展望台でも、もちろん一人になる。

最初のうちは、「夜景を独り占めにできる」と面白がっていたが、ある夜、薄暗い展望台を回っていると、妙な音が聞こえてくることに気づいた。

コツコツ、コツコツ——と、それはガラスを手で叩く音に似ている。

誰かいるのか、と懐中電灯を巡らせたが、特にそれらしき人影はない。

念のため、周囲のガラス張りの外にも目を向けたが、当然そんなところに人がいるはずもない。

——気のせいか。

そう思って、Nさんが引き返そうとした時だ。

ふと、自分の足元に目が留まった。

このタワーの展望台は、床の一部が強化ガラスで出来ていて、地上が透けて見えるように造られている。

そのガラス床の真下に、女の顔がべったりと張りついていた。

女は直立姿勢のまま、顔だけを上に向け、Nさんを足元からじっと見上げていた。

これも——とてもありふれた怪異、なのだそうだ。

○高女（たかじょ）

第二十七話　駅の視線

女子高校生のEさんが、学校からの帰り道、都内の地下鉄某駅のホームで電車を待っていた時のことだ。

少し早い昼下がりの時間ということもあって、周りにいる人の数もまばらである。黄色い線から少し下がったところに立って、スマートフォンをいじっていると、「間もなく電車が到着します」と、聞き慣れたアナウンスが入った。

ああ来るんだな、と思いながら、何気なく顔を上げた。

自然と、ホームの端（はし）が目に映った。

最近は転落事故防止のために、この部分にホームドアが設置された駅も増えてきている。しかし、この時Eさんがいたホームには、まだそのようなものはなかった。

だから——ホーム際にあった「それ」が、すぐ目に留まった。

白くて小さな球状のもので、中央に黒い丸模様がある——。

「……え？」

思わず目を疑った。

人の目玉——としか思えなかった。

ちょうどEさんを真正面から見上げるような形で、目玉はホーム際のギリギリのところに、ちょこんと落ちている。

……おもちゃ？　それとも、本物？

Eさんがポカンと立ち尽くしていると、すぐに電車が近づいてくる音が聞こえた。

同時に――ホームの下から、真っ白な手がぬっと飛び出してきた。

手は、落ちていた目玉をつかみ取り、サッとまたホームの下に引っ込んだ。

啞然（あぜん）とする間もなく、目の前を電車が横切り、ごく普通に停まった。

「何今の……」

思わず声が出た。

すぐ手前のドアが開いたが、何だか気持ちが悪くて、Eさんは、少し離れた別のドアから乗った。

乗り込む時、ホームと車両の隙間に目をやると、さっきの目玉が真下からEさんをじっと見上げていた。

わざわざ追いかけてきたのだろうか――と思うと、気が気ではなかった。

後で友達にそのことを話すと「パンツ見てたんじゃない？」と言われた。

おかげで怖さは薄れた。

……どのみち気持ち悪いのは、変わりなかったが。

○手の目

第二十八話　欠けていく

県名は伏す。某市の踏切で、男の子が電車に撥ねられるという、痛ましい事故があった。現場は、かなり惨たらしい状態だった。

あまりこういうことを書くのは憚られるが、当然、遺体はまともな形ではない。一目見れば誰の心にも深い傷を残すような、そんな有り様だった。

後日、遺族や学校、地元の人達がお金を出し合って、踏切の手前に小さな地蔵堂が建てられた。簡素なお堂ではあったが、中に据えられた、これまた小さな地蔵に、毎日多くの人が手を合わせにきた。

これから先、二度と悲惨な事故が起こらぬよう、子供達を見守ってくれる——。そんな大切な存在になるはずだった。

ところが——この地蔵が、欠けていく。

初めに気づいたのは、男の子のご両親だった。ある朝いつものように手を合わせにくると、地蔵の指の端が、何かで削ったように無くなっていた。

破片を探したが、見当たらない。自然に欠けたものではないのかもしれない。

もし誰かのいたずらだとしたら、許されることではない。それでも、すぐに人を疑うのはよくないと思い、ひとまずそのままにしておいた。

ところが翌日には、耳たぶが欠けた。

御仏(みほとけ)特有のふっくらとした耳たぶが、左右とも、もぎ取られたかのように消え失せていた。

さらに翌日には、右肩が抉(えぐ)れた。

次の日には、足の指が粉々に砕けた。

顔もボロボロに欠けていった。もともとあったはずの優しい笑顔は、異変に気づいてから一週間も経たないうちに、まるで発泡スチロールの塊を砕いたかのような、見るも無残な形相に変わってしまった。

どう考えても、自然にこうなるわけがない。ご両親は、一緒に地蔵を据えた人達と相談して、警察に被害届を出した。

だが――警察が調べても、原因はさっぱりだった。

近くにある防犯カメラは、あいにく地蔵堂を背面から映すばかりで、地蔵そのものがまったく映っていない。ただ少なくとも、誰かがこの地蔵にいたずらしている様子はないという。

だとしたら、石材そのものに何か問題があるのかもしれない。そう思って、地蔵を彫ってくれた工房の人にも相談してみた。

しかし、やはり原因は分からない。

ただ、工房のご厚意で、もう一度無償で彫り直してもらえることになった。

本来なら、地蔵をこのような形で交換するのは、異例と言っていい。

やがて、ボロボロになった前の地蔵と引き換えに、新しい地蔵がお堂に納められた。

ところが――これが、また欠けていく。

前と同じだった。地蔵は日が経つにつれて、やはり無残な姿に変わっていった。

さすがに、これ以上交換しようと言い出す人は、一人もいなかった。

ご両親も、「息子の無念がこのような形で表れるのだろう」と諦めて、ボロボロになった地蔵に、毎日手を合わせ続けることにした。


それから数ヶ月後のことだ。同じ踏切で、また事故が起きた。

ただし、今度犠牲になったのは、人ではなかった。地域で飼われている猫だった。

いつも面倒を見ていた人が、「供養のために、改めて地蔵を寄付したい」と申し出てきた。

男の子のご両親も快諾し、「これも何かのご縁だから」ということで、地蔵堂の隣に猫の慰霊碑が建てられることになった。

後日、三度(みたび)新たな地蔵が、お堂に納められた。

すぐ隣には、地蔵よりもさらに小さな、猫を模(かたど)った可愛らしい慰霊碑が据えられた。

もっとも、男の子のご両親が、内心これを不安な気持ちで迎え入れたのは、言うまでもなかった。


ところが――今度は、欠けない。

不思議なことに、地蔵はいつまでもきれいな姿のまま、優しい顔を浮かべている。

猫が男の子を慰めてくれたのか。あるいは逆に、猫が何か悪いものを遠ざけてくれたのか。

真実は、誰にも分からない。

ただ、この小さな地蔵と猫の慰霊碑は、今でも地元の人達に大切にされ、踏切を見守り続けている。

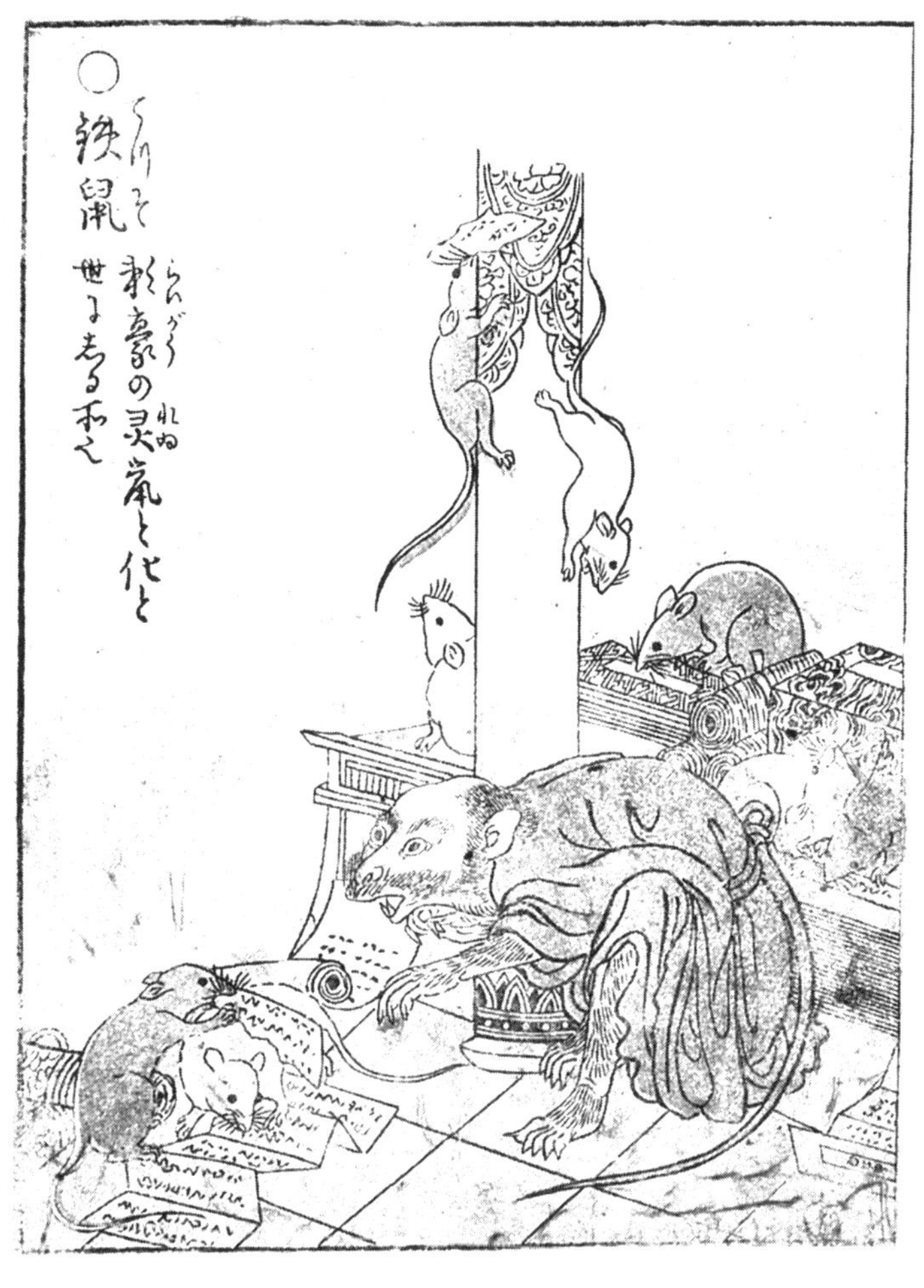

○鉄鼠

第二十九話　子宝館

会社員のKさんが数年前、お盆に奥さんを連れて帰省した時のことだ。

新幹線からローカル線に乗り換え、昼頃にF県内の某駅で降りた。食事はすでに車内で済ませていたので、あとは実家に向かうばかりだったのだが、駅前の店を軽く物色していて、ふと気になる看板を見つけた。

――子宝館（こだからかん）、この先。

そんな文字だけが書かれた小さな看板が、駐車場のフェンスの、ずいぶんと目立たないところに取り付けられている。

名前からして、いわゆる秘宝館の一種かもしれない。Kさんは、お盆と正月には必ず帰省しているが、この看板を見たのは初めてだ。いつの間に出来たのだろう。

「ちょっと行ってみようよ」

面白がって奥さんに言うと、奥さんは気乗りしないながらも、渋々ついてきた。

子宝館は、蒸し暑い路地を進んだ先の突き当たりに、ひっそりと佇（たたず）んでいた。

やや黒ずんだ白壁の、二階建ての小さな建物で、表に「子宝館」と看板が出ている。

入り口には磨りガラスのドアがあるばかりで、特に切符などを売っている様子はない。ただよく見ると、看板の下に「無料・ご自由にお入りください」と小さく書かれている。

Kさんは奥さんを促して、さっそく中に入ってみた。

黒いカーテンで囲われた細い通路が、まっすぐに延びていた。

空調が効いているのか、館内はひんやりとしている。

通路の両サイドには、何だかよく分からない小さな生き物の剥製（はくせい）が、天井からいくつもぶら下がって、並んでいる。

一見鼠（ねずみ）のようだが、体毛がない。どれも腹がプックリと膨（ふく）らんで、目立っている。

長い尻尾を紐（ひも）で括（くく）られ、剥製は逆さ吊りにされていた。

「気持ち悪いね」

奥さんが顔をしかめて囁（ささや）いた。

通路は少し進んだ先で、右に折れていた。黒い暖簾（のれん）が下がっている。矢印が描かれた張り紙に沿って、暖簾の下をくぐる。

次の通路にも、やはりいくつもの剥製が、ぶら下がっていた。

一番多いのは蛙（かえる）だ。片脚を結わえられ、万歳するような形で、これも逆さ吊りにされている。すでに死んでいるとはいえ、あまりいい気持ちがしない。

蛙達はどれもプックリと腹を膨らませ、仰（の）け反るようにして固まっていた。

虫の標本もあった。腹の膨れたカマキリや蝶（ちょう）が、静かにぶら下がっている。

小鳥もいた。罠（わな）にかかったまま力尽きたかのように、細い脚を縛られ、吊るされていた。空調の風が当たっているのか、一つだけゆらゆらと揺れている。さすがに目を背けた。

通路の先に次の暖簾があった。奥さんがKさんの袖を、引き止めるようにつかんだ。これ以上進みたくないのだろう。

「先に戻ってなよ」

自分から入った手前、Ｋさんはそう言って、一人で暖簾へ向かった。奥さんが嫌そうな顔で、後からついてきた。

暖簾の先には、とんでもない数の剝製がぶら下がっていた。

犬、猫、鶏、カラス、豚、亀、蛇……。

どれも決まって、腹がプックリと膨れて、逆さまに吊るされていた。

蠅（はえ）の羽音が聞こえる。ここの展示は——果たして、本当に剝製なのだろうか。

張り紙の矢印は、通路の曲がり角で次の暖簾を指し示している。

「……出よう」

さすがにそう言うと、Ｋさんは青ざめている奥さんを促して、引き返そうとした。

ふと視線を感じた。振り向くと、奥の暖簾の隙間から誰かが目を覗かせ、じっと二人の様子を窺（うかが）っていた。

無視して、Ｋさんは奥さんを連れて、急いで館を後にした。


その後実家に戻ってから、Ｋさんは両親にその話をした。だが、「子宝館なんて聞いたこともない」と、首を傾げられただけだった。

ネットで検索しても、特にそれらしき情報は出てこない。

ともあれ、「もう二度と行きたくない」という点では、奥さんと意見がピタリと一致した。

……ただ、それから少しの間、妙なことがあった。

夜中、日付が変わって少し経った時間に、実家の玄関のドアを誰かがノックするのだ。

様子を見にいっても、人っ子一人いない。Ｋさんの両親は「いたずらだろう」と不快そうに言っていたが、この出来事は、Kさん夫婦が滞在している間毎晩続き、二人が引き上げてからはピタリとやんだという。

ちなみに、あのフェンスの看板は、二人が帰る頃にはなくなっていたそうだ。

それと――これは後で分かったことだが、この時Kさんの奥さんは、妊娠三週目だったらしい。

それを知ったKさんの両親は、「子宝館のご利益じゃないか？」と笑って言った。

しかし、実際にあの建物の中を歩いたKさんには、まったくそうは思えなかった。

むしろ、妊娠している奥さんを、子宝館が誘い込もうとしたのではないか――。

あの中の異様な剝製の数々を思い起こすたびに、Kさんは今でも、そんな妄想じみた不安に苛(さいな)まれるという。

なお、後にKさんの奥さんが無事元気な赤ちゃんを出産されたことを、ここに付け加えておく。

○黒塚（くろづか）

第三十話　親心

Ｉさんが東京に出て、一人暮らしを始めた時のことだ。

もともと自活能力が高かったのか、新しい生活にはすぐに馴染んだ。また、同じように上京してきた友人もいたから、何かあっても、専らそちらに頼りがちになる。

自然と、親元に連絡を入れることもなくなっていった。

……そのまま数週間が過ぎた、ある深夜のことだ。

Ｉさんが布団に入ってウトウトしていると、不意に寝室の窓が、ガタンッ、と鳴った。

思わず飛び起きて、カーテンの引かれた窓を見る。

――強風か。

耳をそばだてる。しかし、吹き荒ぶような音はない。

だとしたら……何かがぶつかったのか。

Ｉさんがじっと様子を窺っていると、そこでまた、ガタンッ、と鳴った。

思わず緊張が走る。そこへさらに二度、ガタンッ、ガタンッ、と繰り返される。

風ではない。明らかに、何かが外から窓を叩いている――。

放っておくわけにはいかなかった。

Ｉさんは布団を出ると、恐る恐る窓に近づいた。

もちろん、身の危険を感じなかったわけではない。しかしこのままにしておくと、外の何かが窓を破って、寝室に入ってくるのではないか――。そんな不安の方が勝（まさ）った。

カーテンに手をかけ、サッと開いた。

そこに――首があった。

紛れもない人間の首が、髪を振り乱し、ふわふわと宙を舞っていた。

それが窓に向かって、ガタンッ、とぶつかる。

そしてガラスに跳ね返って下がり、また飛んできて、ガタンッ、とぶつかる。

首は、そんなことをしきりに繰り返している。

その様子を見て――Iさんは思わず目を丸くし、叫んだ。

「おかん、何しとんね！」

首は、実家にいるはずの、Iさんの母親のものだった。

Iさんが叫ぶと同時に、首はパッと消えた。

それからIさんは、急いで実家に電話をしたという。

もしかしたら、母親の身に何かが起きたのではないか――。そんな胸騒ぎに突き動かされてのことだったが、Iさんの心配をよそに、電話に出た母親はすこぶる元気な様子だった。

深夜であったが、ちょうど目が覚めたところだったらしい。

「それがさっき、変な夢見たんよ。東京までふわふわ飛んでいって、Iの部屋の窓から中に入ろうとしとんね。それ見てIが、『おかん、何しとんね！』って大声で叫んで――。そこで目ぇが覚めたわ」

「おかん、それ……いや、何でもないわ」

つい打ち明けかけたものの、Ｉさんは口を噤んだ。
母親がこんなことになったのは、もしかしたら、自分のせいかもしれない。
――けど、せめて体も付けて来ぃや。
だから心の中で、そう思っておくに留めたそうだ。
ともあれそれ以来、Ｉさんは週に一度、必ず親元に連絡を入れるようになったという。

○飛頭蛮（ろくろくび）

第三十一話　災厄の家

今は都内で働いているHさんという女性が、まだ親元で暮らしていた時の話だ。

そこは地方の小さな町で、都心部ほど建物が密集していない。ところどころに畑を織り交ぜながら、緩やかに一戸建てが並ぶ、広々とした景観の土地だった。

そこに建つ家々の中に、一軒だけ、曰(いわ)くつきのものがあった。

Hさんの隣家である。

隣家——と言っても、周りを広い庭で囲まれているから、家屋の位置そのものは、Hさんの家からそこそこ離れている。

見た目は、二階建ての古風な和風家屋である。古風と言っても、Hさんが生まれて少ししてから建てられたものだそうで、どっしりとした趣のある、大層立派な家だ。

ところが、その家に住んだ者は、遅かれ早かれ災厄に見舞われたという。


最初の異変は、Hさんが小学四年生の時のことだ。

当時隣家に住んでいたのは、八人の大家族だった。

ご主人は小さな会社を経営する社長で、問題の家を建てた張本人だった。その他に奥さんと、ご主人のご両親。それから息子が一人と、娘が一人。さらにご主人の兄夫婦が、ともに暮らしていた。

ところがある日、ご主人が風呂場で亡くなった。

入浴中の事故ではない。夜中に一人で浴室に行き、湯船に頭から突っ込んで、溺れ死んだらしい。

部屋から遺書が見つかり、自殺だと分かった。

「長年詫び続けてきましたが、どうしても許せないと仰るので、このように責任を取ります」

遺書には、それだけが書かれていた。

何のことなのかは——家族の誰も、心当たりがなかったという。

ともあれご主人を失ってから、一家は瞬く間に落ちぶれていった。

会社は倒産した。連日借金取りが押しかけ、まず兄夫婦が逃げるように出ていった。

奥さんは心労で倒れた。子供二人は家を飛び出し、行方が知れなくなった。

残されたご両親が奥さんの面倒を見ていたが、これもそう長くはもたなかった。

……ある日、いつものように借金取りがやってくると、ご両親と奥さんの三人が、湯船に頭を突っ込んで亡くなっていた。

三人で、浴槽にぎゅうぎゅう詰めになっていたそうだ。

こうして住む者を失った家に、しかし逃げた他の四人は、結局誰一人戻ってこなかった。

やがて家は、不動産屋の手に渡った。

それでも曰くつきということで、すぐには売れなかったのだろう。一年ほど空き家の状態が続いたという。

ただ——Hさんはこの期間に、不可解なものを目にしている。

秋の夕暮れのことだ。

学校から帰ってきて、二階にある自室へ行き、何気なく窓の外を見た。

離れた先に隣家が建つ。その二階の部屋の窓が、ふと目に入った。

そこに——あの家族が並んで立っていた。

明かりの消えた真っ暗な部屋の中に、逃げた子供二人と兄夫婦はもちろん、亡くなったご主人と、奥さんとご両親までが揃っていた。

八人は横一列にずらりと並び、何もいない虚空に向かって、ペコペコと頭を下げていた。

——ごめんなさい。

——ごめんなさい。

口の動きが、頻(しき)りにそう繰り返していた。

Hさんはゾッとして、急いでカーテンを閉じた。

後でもう一度覗いてみたが、隣家の窓には、すでに誰もいなかった。

二度目の異変は、Hさんが中学に上がってからのことだ。

その時隣家に住んでいたのは、若い夫婦だった。

田舎暮らしに憧れて、都心部から引っ越してきたという。人付き合いもよく、Hさんのご家族とも親しくしていた。

その夫婦が——ある時、突然おかしくなった。

冬の夜のことだ。そろそろ寝ようかという時間になって、唐突に激しく言い争う声が、隣家から響いてきた。

Hさんが窓から覗くと、隣の夫婦がパジャマ姿のまま、庭に飛び出してきた。

二人は、「許して、許して」と叫びながら、その場で仰向けに寝そべった。

そして同じ姿勢のまま、手足をバタつかせて、家の周りをグルグルと回り始めた。

まるで、ムカデが這うような動きだった。

Hさんの父親が通報したが、警察が到着する前に、夫婦は仰向けのまま、凄まじい速さで縁の下に潜り込んでいった。

……その後Hさんは寝てしまったので、ここから先を直接見たわけではない。

ただ、夫婦が縁の下から引っ張り出された時には、二人ともすでに事切れていたそうだ。

死因は窒息死だった。縁の下の土に穴を掘って、そこに頭を丸ごと突っ込んでいたという。

隣家は、再び無人になった。


その後も隣の家では、誰かが引っ越してきては不幸に見舞われる——ということが相次いだ。

例えば、幼い子供を連れた一家は、子供が階段から落ちて首を折って亡くなり、ご両親も数ヶ月後に別れて、ともに出ていった。

またある老夫婦は、引っ越してきてすぐに「家が恐ろしい」と言い出して、庭に置いてある車で一週間ほど寝泊まりし、さっさと別の家に移っていった。

家を改装して店を構えたいという青年も来たが、移り住んですぐに、包丁で自分の顔を何度も突いて亡くなった。


最後の異変が起きたのは、Hさんが高校三年生の時だ。

受験勉強に追われていた真夜中。ふと窓の外を見ると、一台の車が隣家に乗りつけるのが見えた。

降りてヘッドライトに照らされたのは、隣家を扱っている不動産屋の老人だった。

老人は、その場で家に火を点けた。

そして「ごめんなさい」と叫びながら、頭から火の中に飛び込んでいった。

Hさん一家は慌てて通報し、急いで家の外に避難した。

隣家は全焼した。

Hさんの家は、距離があったのと風向きが幸いして、特にこれといった被害は受けなかった。

ただ——この時Hさんは、一瞬だけ異様な光景を見ている。

燃え盛る隣家の上を、火の粉と一緒になって、白い小さなものがいくつも飛び交っていたという。

それは、人の形をしているように思えた。

どれも仰向けの姿で、怒りとも嘆きともつかない、歪んだ形相を浮かべていた。

しかしよく観察する間もなく、すぐご両親に連れられて家から離れたため、それが後でどうなったのかは分からない。

もっとも、この時白いものが見えたのは、Hさんだけだったようだ。


その後、焼け落ちた家の残骸は撤去され、春になって新しい家が建てられた。

時期を同じくして、Hさんは東京の大学に通うため、実家を離れた。

隣家のことが、気がかりではあった。しかしそれ以降、特に怪しいことは起きていないという。

すべての元凶である、長年家の持ち主に怒りをぶつけていた「何か」は、あの火事で燃え尽きたのかもしれない。

きっとあの白いものがそうだったに違いない——と、Hさんは思っている。

○逆柱（さかばしら）

第三十二話　裏返し

かれこれ二十年以上も前に、Kさんが中学の修学旅行で、I県に行った時のことだ。

宿泊先はホテルではなく、修学旅行用に建てられた宿泊施設だった。いくつもの学校が交代で利用している場所で、建物自体がずいぶんと古い。

木造の廊下は黒ずみ、歩くだけでミシミシと音を立てる。途中に設けられたステンレス製の巨大な流し台には、たくさんのカマドウマが這っていて、頼みもしないのにKさん達を出迎えてくれた。

そんなお世辞にも素敵とは言えない宿だったが、友達同士での寝泊まりは、やはりテンションが上がるものだ。Kさんがいたのは男子六人の部屋だったが、消灯時間を過ぎてもすぐに寝られるはずもなく、みんな思い思いにお喋り（しゃべ）に耽り（ふけ）出した。

部屋を抜け出して、よその部屋に遊びにいく生徒もいた。逆によそからも同じように、Kさんのいる部屋にやってくる。明かりの消えた暗闇で、いくつものグループが混ざり合い、次第に誰がいるのか分からなくなってくる。

Kさんはおとなしく自分の部屋に留まっていたが、そのうちに騒ぎを聞きつけた強面（こわもて）の先生が、廊下に顔を出した。

「こらっ！」

大声で一喝され、廊下をうろついていた生徒達が蜘蛛（くも）の子を散らすように、手近な部屋に逃げ込んだ。

Kさんの部屋にも、生徒が雪崩れ込んだ。六人部屋なのに、人数が一気に十人に増えた。

そこへドアが開き、先生が覗き込んだ。

「廊下にいたやつ、全員出ろ」

有無を言わさぬドスの利いた声が、暗い部屋に響いた。Kさんが息を潜める中、何人かが観念して廊下に出た。

先生は部屋を次々と覗いて、うろついていた生徒を全員廊下に並ばせると、順番に頭をペチン、ペチンと叩いていった。

体罰というほどでもない、あまりに力の抜けた平手だったみたいだが、もともと迫力のある先生だったから、生徒がおとなしくなるには、これだけで充分だった。

生徒達は全員、静かに元どおりの部屋に戻った。

さすがにそれ以上は騒ぐ気力も起きず、部屋の中はしんと静まり返った。

そのうち、静けさは寝息に変わった。Kさんも寝てしまおうと思ったが、こんな時に限って、急にトイレに行きたくなってきた。

そっと足を忍ばせて廊下に出ると、例の先生が廊下にビーチチェアを置いて、陣取っていた。このまま朝まで、ここで眠るという。

Kさんが「トイレに行きたい」と恐る恐る申し出ると、意外にもあっさり許してくれた。

この先生を除けば、途中で何か怖いものに出くわすこともなく、Kさんは用を足し終えて、再び部屋に戻ってきた。

そして自分の布団に潜ろうとして——妙なことに気づいた。

すでに誰かが、Kさんの布団で寝ているのだ。

布団を間違えたのかと思ったが、暗がりの中でどんなに目を凝らしても、六組ある布団のすべてに誰かが寝ている。かと言って、部屋そのものを間違えたわけでもない。

不思議に思ったが、ふと、ある可能性に思い至った。

もしかしたら、さっき部屋に来た子の一人が、先生に叱られるのが嫌で、出ていかなかったのかもしれない。ところが先生が廊下に陣取ってしまったため、逃げるに逃げられなくなり、諦めてここで寝ることにした。そして、Kさんがトイレに行ったのを見て、その隙に布団を奪った——。

そう考えると辻褄は合う。……が、だからと言って、Kさんの寝る布団がないのは問題だ。

仕方なく押し入れの中を覗くと、余分なシーツと枕だけがあった。

Kさんは諦めて、押し入れで寝ることにした。

慣れない寝心地のまま一夜が明けた。

真っ先に目を覚まして、押し入れから這い出してきたKさんは、並ぶ六組の布団を見て、思わず唖然とした。

全員の布団が、きれいに裏返っていた。

畳の上に直接掛け布団が敷かれ、上から敷き布団が被さる。さらにその上にいくつもの枕が、まるで重しでもするかのように積まれている。

グループの子達はみんな、重たい敷き布団の下に挟まれ、一様にうなされて呻いていた。

いったい誰がこんないたずらを……と思ったが、常識的に考えて、こんな芸当ができる人間などいない。とにかくKさんは急いでみんなを起こし、布団を片づけたという。

ちなみに、Kさんが使う予定だった布団の下は、もぬけの殻だった。部屋の人数は、いつの間にかＫさんも含めて六人に戻っていた。

一つの部屋に七人で寝ると、何かよくないことが起こる――。そんな古い言い伝えをＫさんが知ったのは、この出来事からずっと後になってのことだ。

しかしその七人目は、いったい誰だったのか。しかも先生が陣取る廊下を通らずに、どこへ消えたのか。

あの奇妙な夜の答えは、いまだに分からないままだ。

○反枕（まくらがえし）

第三十三話　冷凍室

洋菓子の製菓工場に勤めている、Iさんの話だ。

Iさんの工場では毎年秋頃になると、年末のクリスマスシーズンに備えて、ケーキの土台となるスポンジを、毎日大量に焼く。

焼いたスポンジは、もちろんそのまま置いておくわけではなく、冷凍室に保管される。

冷凍室というのは、文字どおり、部屋一つを丸ごと冷凍庫にしたものだ。学校の教室ほどの広さの部屋に空調が設置されていて、常にガンガンに冷やし続ける。

中は温度を保つために、厳重に密閉されている。

窓はない。一つきりの出入り口である扉も、隙間なくピッタリ閉じる構造になっている。

冷凍室に入る従業員は、扉の前に用意されている薄いコートを羽織り、普段は消されている照明のスイッチを入れてから、中に入る。入ったら、もちろん扉は閉めるのが決まりだ。

中は極寒である。しかも職場が職場だけに、コートの下に着られるものが、限られている。

肌着の上から白衣の上下を着け、頭をキャップですっぽりと覆う。足には簡素な革靴。手にはゴム手袋。そしてエプロン。これだけだ。

何のことはない、真冬に薄着で出歩くようなものである。

しかも照明が弱々しい一方で、空調が常にゴウゴウと唸りを上げているから、ろくに見えないし、ろくに聞こえない。このように、決して快適な環境ではないのだが、それが秋頃になると、さらに悪化する。

袋詰めされたスポンジの入った巨大な段ボール箱が、台車に載せられ、大量に冷凍室に並ぶ。台車に載っているのが一箱だけならまだしも、天井近くにまで積み上げられる。

もはや柱と化した段ボール箱の山は、冷凍室の中をどんどん圧迫していく。従業員が必要な食材を取りに入ると、箱が行く手を塞いでいることも、ざらにある。

通路というよりは、もはや隙間と呼んだ方が相応(ふさわ)しい空間を、体を横にしながら進んでいかないと、ものを取りにいけない。もちろん極寒の中を、だ。

そんな過酷な冷凍室の中で――Ｉさんは、不気味な体験をしたという。

その日Ｉさんは、調理用の食材を持ち出すために、冷凍室へと向かった。

細い廊下を進んだ奥の、人目につきにくいところに、ひんやりと冷えた扉がある。

いつものようにコートを羽織り、照明を点けて中に入ると、さっそく大量の段ボール箱に出迎えられた。

食材は一番奥にある。Ｉさんは溜め息をつきながら、内側から扉を閉め、段ボール箱の隙間を縫うようにして、奥へと進み始めた。

隙間を右に左にくねくねと曲がり、隙間がなくなったら段ボール箱をずらして無理やり隙間を作り、また進み……。そんなことを繰り返し、ようやく奥に辿(たど)り着いた、その時だった。

不意に――照明が消えた。

すべての光が、Ｉさんの視界から一切なくなった。

「あっ！」

叫んだところで、その声は激しい空調の音にかき消されて、誰にも届かなかった。

おそらく冷凍室を覗いた別の従業員が、Ｉさんがいることに気づかずに、誤って消してしまったのだ。

Ｉさんは、途方に暮れた。

完全に密閉された冷凍室では、照明を消されると、何も見えなくなる。

光が一切入らない以上、目が慣れるということは、絶対にない。このまま立ち尽くしていたところで、寒さに体をやられるだけである。

すでに冷たくなったゴム手袋が、手にピッタリと張りつき、手首全体の感覚を奪っている。革靴の中にも冷えた空気が溜まり、痛みすら覚える。

出なければ――と思った。

しかし、通路がない。あるのは、曲がりくねった迷路のような隙間だけだ。

方向を間違えれば、扉には辿り着けない。

死ぬかもしれない――。本気でそう考えた。

急いで両手で周囲を探る。当然、段ボール箱の壁があるばかりだ。

懸命に、頭の中に、来たルートを思い描いた。

どの方向から来たか。どの箱をずらしたか。どの隙間を抜けたか。

すべてを逆にこなせば、ドアに辿り着けるはずだ。

Ｉさんはそう信じて、進み始めた。

視界はもちろんだが、空調の音のせいで、聴覚すら働かない。もはや頼れるのは触覚しかない。

段ボール箱の位置と形を手で確かめ、爪先で台車を探りながら、ゆっくりと位置をずらす。もし焦って倒してしまったら、生き埋めになるだけだ。
台車が動く感触を確かめ、隙間を探す。そこに潜り込む。
体を横にして、もぞもぞと蠢かせながら、次の隙間を手で探す。
……その動きを、どれほど繰り返しただろうか。
ふと——進もうとした手の先が、何か妙なものに触れた。
段ボールではない。柔らかい。
布の感触に、それはよく似ている。
軽く押すと、肌のような手応えがあった。服を着た誰かだ、とはっきり分かった。
慌てて手を引いた。
まさか、一緒に閉じ込められている人がいたのか。
「ごめん、誰？」
声をかけたが、空調の音がうるさすぎて、自分でも聞き取れない。
「ねえ、外に出たいんだけど！」
叫んでみる。今度は聞こえたはずだ。
だが、相手からの反応が、ない。
もう一度、そっと手を伸ばして触れてみた。確かに、人がいる。
じっと動かずに、そこに佇んでいる。箱と箱の、隙間に。
まるで——こちらの行く手を塞いでいるかのように。
Iさんがそう思った時だ。
不意に相手が動いた。

ギュッと、突然手首をつかまれた。

怖気(おぞけ)立つような冷たさが、ゴム手袋越しに、ヒリヒリと染み込んできた。

「——っ！」

思わず息を呑んで、手を振り解いた。弾みで体が後ろに下がる。

すると——そこでまた、触れた。

いつの間にか、Ｉさんの真後ろの隙間にも、別の誰かが、ぴったりとはまっていた。

Ｉさんが辿ってきた隙間にいる……ということは、相手は最初から、この冷凍室の奥にいたことになる。そしてＩさんに気づかれないまま、暗闇の中を、後ろからずっとついてきた——。

……あり得ない。

しかし今、Ｉさんは間違いなく、前後を挟まれている。

この二人は何者なのだろう。なぜ、自分を挟み撃ちにしているのだろう。

——ここから出さないためだ。

嫌な想像が頭をよぎった。だが、間違っているとも思えない。

焦りながら、もう一度前に出る。すぐに前方の何者かとぶつかる。

力任せに押すが、ピクリとも動かない。

そこへ後ろの方から、冷たい手が、Ｉさんの背中にペタリと触れてきた。

密着された——。

もはや体を動かす余地などまったくない。すぐ前にも、すぐ後ろにも、得体の知れない何かがいて、Ｉさんをピッタリと挟み込んでいる。

その事実に、Ｉさんが慄(おのの)いた刹那。

……ふぅっ。

冷たい、生臭い吐息が、Iさんの顔にかかった。

頬に、何かごわごわしたものが触れた。

髪の毛だ、とすぐに分かった。

もちろんこの職場に、キャップから髪の毛を出している従業員は、いない。

Iさんは悲鳴を上げ、顔を懸命に背けようとした。

その途端、後ろから抱きつかれた。もう一度悲鳴を上げると、前からも抱きつかれた。

何度も何度も、悲鳴を上げ続けた。

そして――。

不意に、照明が点いた。

Iさんの顔のすぐ真正面に、霜にまみれてごわごわになった、女の笑顔があった。

Iさんは、絶叫した。


気がつくとIさんは、大勢の従業員に囲まれて、外の廊下に座り込んでいた。

何でも、冷凍室からものすごい悲鳴が聞こえることに気づいた従業員の一人が、照明を点けて中を覗いたらしい。そうしたら、そこに半狂乱になっているIさんがいたので、慌てて引っ張り出した――と言うのだ。

Iさんはその時、扉の内側にしがみついていたそうだ。

しかし、それは妙だ。照明が点いた時点では、自分はまだ、扉に辿り着いていなかった――。

Iさんはそう主張したのだが、「でも、開けたらそこにいたんですよ」と返されただけだった。

果たして、あの極寒の闇の中で、何が起きていたのだろうか。

ちなみに冷凍室の中には、Ｉさんの他は、誰もいなかったという。

結局今回の騒動は、Ｉさんが他の従業員の不注意で閉じ込められた――ということで、話がまとまった。

もっともそれ以来、工場が動いている間は危険防止のため、常に冷凍室の照明を点けておくようになったそうである。

○雪女（ゆきおんな）

第三十四話　二人いる

男性会社員のBさんが、高校生の頃に体験した話だ。

Bさんには、姉が一人いた。もっとも、大学進学に合わせて家を出ていったため、一緒に暮らしていたわけではない。

とはいえ、姉の移った先は電車で数駅ほどしか離れていないため、その気になればいつでも帰ってこられる距離である。実際、一人暮らしを始めたばかりの頃は、ホームシックに駆られてか、休みの日になると、ちょくちょく家に顔を出しにきていた。

しかし半年も経つと、さすがにそれも落ち着いて、帰ってくることはほとんどなくなったという。

Bさんの姉が一人暮らしを始めた、その翌年の初夏のことだ。

平日の夕方、Bさんが家に一人でいると、突然玄関のドアが開いて、姉が入ってきた。

「あれ、急にどうしたの?」

驚いて尋ねたが、姉は無言である。

いや、それどころか表情もない。まるで反応を見せないまま、フラフラとした足取りで、洗面所へ入っていく。

手でも洗うのかな——と思いながら、気になってBさんが覗いてみると、姉は備えつけの棚を探っている。

彼女が手にしたのは、父親の剃刀(かみそり)だった。

姉は剃刀を手にフラフラと、隣接する浴室に入っていこうとした。

さすがにおかしいと感じて、Bさんは慌てて姉の腕に飛びついた。

「何やってんだよ！　それ放せよ！」

急いで姉の手から剃刀をもぎ取る。すると姉は、まるで逃げるかのように洗面所を飛び出し、玄関から走り去っていった。

Bさんは急いで、パートに出ている母親に電話をした。事情を伝えると、母親も焦ったように、自分から姉に電話してみると答えた。

……それから、十分ほど経った。

Bさんの携帯電話が鳴った。母親からだ。

すぐに出てみると、真っ先に怒鳴り声が飛んできた。

『今××に電話したけど、ちょうど講義が終わったばかりで、家になんか帰ってないってよ！　B、冗談でも言っていいことと悪いことがあるでしょ！』

××とは、姉の名だ。

どうやら――姉は、さっきの出来事を否定したらしい。

しかし、Bさんが姉を見たのは事実だ。つまり、姉は嘘をついていることになる。

Bさんは電話を切ってから、自ら姉にかけてみた。

姉はすぐに出た。

『B、お母さんに変なこと言ったでしょ。何で私がリスカしなきゃいけないわけ？』

怒っているようだが、ある意味では当たり前の反応だった。思い詰めている様子もなければ、何かを誤魔化している感じでもない。

結局、Bさんが出鱈目を言ったということで、この件は収まった。


それから数日後の、土曜日のことだ。

その日も母親はパートに出ていて、家にはBさんと父親だけがいた。

そこへ――突然姉が帰ってきた。

「××、どうした?」

いきなりの訪問に父親が尋ねた。しかし姉は無言のまま、フラフラと洗面所へ行く。

Bさんは嫌な予感がして、急いで姉のもとへ走った。

姉はやはり、剃刀を手に取っていた。

「××、やめろ!」

叫びながら、Bさんは姉を後ろから羽交い締めにした。

後から飛んできた父親も、姉が剃刀を持っているのを見て、異変を察したらしい。すぐに彼女の手から剃刀をもぎ取り、「何があったんだ!」と強い口調で姉に尋ねた。

姉は答えなかった。無言でBさんの腕を振り解き、また玄関から飛び出していった。

ただ――Bさんには、「ある予感」があった。

その場で姉の携帯電話にかけてみた。姉は、すぐに出た。

ずいぶんと賑やかな音が、電話越しに聞こえた。今ちょうど友達と一緒に、繁華街に来ているという。

嘘をついている感じではない。

そこへ父親が「代われ」と言ってきたので、電話を預けた。父親は、姉としばらく押し問答を続けていたようだが、やがて口数が減り、「じゃあ」と電話を切った。

「でも、さっきのは××だったよな？」

父親に問われ、Bさんは頷いた。ただ、自信があるわけでもない。

「××は、手首なんか切らないよ」

「そう……だよな」

二人して、そう確かめ合うしかなかった。


姉がまたも家に現れたのは、翌週の火曜日のことだ。

Bさんがまだ帰っていない時間である。目撃したのは、家にいた母親だった。

やはり姉が突然帰ってきて、剃刀を手に浴室に入ろうとしたという。

母親が慌てて止めると、姉はいつものように、玄関から逃げていった。

もちろん——当人に電話をしても、「私じゃない」の一点張りだった。


とにかくこれで、姉を除く三人が全員、「姉そっくりの誰か」を見たことになる。

さすがに異常だというので、次の休日を待って、家に姉を呼んだ。緊急の家族会議というわけだ。

姉はBさん達の話を聞いて、気味悪がっている様子だった。しかし、とにかく身に覚えがないという。

そもそも、手首を切る動機がない。特に不満なく生きているから心配しないで——と姉は言った。

もっとも、Bさんの不安はかえって高まった。

もしあれが本物の姉でないのなら——アレは何なのだろう。

あの「姉」が手首を切った時、本物の姉はどうなるのだろう。

「誰か一人、必ず家にいた方がいいんじゃないかな」

Bさんはそう提案したが、さすがに通らなかった。両親とも働きに出ているし、Bさんには学校がある。それに、まさかこんな奇妙なことのために、誰かを呼びつけて留守番してもらうわけにもいかない。

話は何もまとまらなかった。やがて陽が落ちたので、そのまま姉も交えての夕食になった。

さすがに和気藹々（わきあいあい）とはいかなかったが、姉が一緒にいる食卓は、ずいぶんと懐かしく感じられた。

その後姉は「そろそろ帰る」と言って、出ていった。姉の帰る先がよそにあることが、Bさんには、少し切なかった。

ところが——見送った直後である。

出ていったはずの姉が、まだ一分も経たないうちに、突然戻ってきた。

「あれ、忘れ物？」

尋ねたが、姉は無言で洗面所へ向かう。

とっさに全員が気づいて、「姉」を押さえつけた。

Bさんは「姉」を両親に任せて、すぐに本物の姉の携帯電話を呼び出した。

『——B、どうしたの？』

何事もない声が、電話越しに聞こえてきた。やはり、今ここにいる「姉」は本物ではないのだ。

「××、もう一人の××が今家にいる！　すぐ戻ってきて！」

そうBさんが叫んだ時だ。両親に押さえられていた「姉」が、突然凄まじい力で二人を振り解いた。

ただし、玄関には向かわなかった。

もう一人の「姉」は剃刀を手にすると、すぐさま浴室に飛び込んで、内側から鍵をかけてしまった。

「××、何やってんだ！」

「すぐ出てきなさい！」

両親がドアを叩きながら叫ぶ。Bさんは焦りながらも、本物の姉が戻ってくるのを、じっと待った。

本物と偽者——。二人を引き合わせて何が起こるかは、分からない。ただ、この二人が「別人なのだ」と証明できれば、得体の知れない呪縛（じゅばく）のようなものから、解放されるのではないか……。

そんな気持ちが、Bさんの中にはあった。

「ドアを破るぞ」

父親が言って、洗面所を出ていった。何か道具を取ってくるつもりだろう。

Bさんは、手にした携帯電話に目をやった。すでに切られている。

姉は……まだ戻ってこない。

さっき電話をしてから、三分は経つ。

偽者が現れたのは、姉が家を出てすぐだった。Bさんが電話をしたのもその時だから、もう戻ってきてもいいはずなのに——。

嫌な予感がした。

Bさんは恐る恐る、もう一度姉の番号を呼び出してみた。

……着信音が聞こえた。

音は、浴室からだった。

頭が真っ白になると同時に、父親が金槌(かなづち)を持ってきて、ドアの鍵を叩き壊した。

真紅に染まった浴槽が見えた。両親がともに悲鳴を上げるのが、分かった。


……結局、Bさんの姉は助からなかった。

手首ならまだしも、彼女が切り裂いたのは、首そのものだったからだ。

動機についても、やはり分からなかった。

ただ一つ言えるのは、あの夜すぐに戻ってきた「姉」は、本物だった——ということだ。少なくともBさんの両親は、そう考えている。

しかし、Bさんだけは納得できていない。

もしあの「姉」が本物だったなら、Bさんの電話に出た姉は何だったのか。その時の着信音は、どこで鳴っていたというのか。

分からないことだらけだった。しかし事実、Bさんの姉は、もうこの世にいない。

——自分そっくりの人間が現れると、死期が近い。

古くから語られるそんな忌まわしい言い伝えを、Bさんはそれ以来、嫌でも信じているそうだ。

○生霊（いきりよう）

第三十五話　一人だけ

男性編集者のCさんは、かつて大学生だった頃、実家を離れて、学生寮に住んでいた。住み始めたのは、一年生の春からだ。

学生寮というだけあって、場所は大学に近く、家賃も安い。一見好条件だが、しかし建物自体はずいぶん古く、部屋も三人部屋のみだったという。

そのせいもあってか、入寮を申し込んだ際は、特に選考や抽選の必要もなく、一発で通ってしまった。

……後から思えば、いくら三人部屋しかないからと言って、入学シーズンにすんなりと学生寮に入れる方が、おかしかったのだろう。しかし、すでに生活の変化に追われていたCさんにしてみれば、あまり物事を深く考える余裕もなかったようだ。

そんなわけで——とにかくCさんは、何の疑いも抱かずに、この学生寮に移ったという。

Cさんが引っ越してきたのは、入学式の半月前だった。

家具の類は備えつけのものが用意されていたため、衣類など必要なものだけをスーツケースに詰めての、手軽な引っ越しであった。

昼過ぎに寮に着くと、すぐに管理人に案内されて、部屋に入った。

二階の角部屋である。ドアを開けると、三和土の先にリビング——と呼ぶにはやや手狭な空間があり、三台の勉強机が並んでいる。その奥は寝室で、やはり人数分のベッドとクローゼット、貴重品用の金庫などが据えられていた。

ちなみにバストイレは、一階の共同のものを使う。バスは、ちょっとした広さの浴場があるが、利用可能な時間が決められている。また一階にはサロンがあって、寮内で唯一のテレビが据えられている他、食事もここで出るようになっていた。

それはともかく——肝心のルームメイトが、部屋に見当たらない。

「この時間は、まだ会えないと思うよ」

管理人はそう言うと、それ以上は特に何も告げず、足早に引き上げていった。

おかげでCさんは、三人部屋に一人だけでポツンと取り残される形になってしまった。

それから荷物の整理などしているうちに、次第に日が暮れてきた。

ルームメイトは、まだ戻らない。

やがて夕食の時間になったので、一人きりでサロンに向かった。

何とも寂しい思いだったが、幸いサロンには、他の部屋の住人が大勢いた。Cさんはさっそく一同に挨拶（あいさつ）し、ようやくこの寮の新たな仲間として、迎えてもらうことができた。

……ただ、少し奇妙なことがあった。

Cさんが、自分の入居した部屋番号を口にした途端、先輩達の数人が、一瞬表情を強張（こわば）らせたのだ。

不思議に思ったものの、もしかしたら自分の気のせいかもしれない——。そう思って、特に理由を尋ねたりはしなかった。

食事を終えた後は、仲良くなった何人かで風呂を済ませ、部屋に戻った。

ルームメイトは相変わらず、帰ってこない。

そうこうしているうちに、どんどん夜が更けていく。

いい加減眠くなってきたが、さすがに挨拶もしないまま、先に寝てしまうのも失礼かもしれない……。そう思って頑張って起きていたが、しかしそこで、寮の門限がとっくに過ぎていることに気づいた。

——今日はもう、会えないのかもな。

Cさんは諦めて部屋の明かりを消し、使われている形跡のない一番端のベッドに、静かに身を横たえた。

それから——どれぐらい時間が経ったか。

ふと何かを耳にして、Cさんは目を覚ました。

慣れない寝室に、ひんやりとした空気が立ち込めている。

何かが耳に障（さわ）る。いびき、だろうか。

……視線を巡らせると、隣のベッドの掛け布団が膨らんでいた。

ルームメイトが、戻ってきているのだろうか。

目を凝らすと、さらにもう一つ先のベッドも膨らんでいるのが分かる。

——ちゃんと、いる。

部屋に自分一人だけでないのだと知り、不意に安堵（あんど）の気持ちが生まれた。

朝になったら挨拶しようと思い、Cさんはそのまま目を閉じた。

ところが――だ。

次の朝目を覚ますと、二人の姿がどこにもない。

べつにCさんが寝坊した、というわけではない。むしろまだ明け方に近い。

なのに、ルームメイトが寝ていた二台のベッドは、すでにもぬけの殻になっている。

サロンにいるだろうか、と思い、様子を見にいったが、やはりそれらしき姿はない。

――もしかしたら、二人ともスポーツ系のサークルか何かに入っていて、朝練に出てしまったのかもしれない。

Cさんはそう考えて、無理やり自分を納得させた。

しかしその日も二人は、Cさんが夜眠りにつくまで、戻ってくる様子がなかった。


……こんなことが、四日間続いた。

二人のルームメイトは、日中は一切、姿を現さない。

夜Cさんが眠ると、いつの間にか、そばのベッドでいびきをかいている。

うるさくて目が覚めるが、さすがにこのタイミングでは声もかけづらい。仕方なく眠り直し朝を待つのだが、次に起きた時には、すでに二人の姿はない――。

……どう考えても、何かがおかしかった。

だから五日目の朝――。

目を覚ましたCさんは、ルームメイトがどこにもいないのを確かめると、すぐに彼らの寝ていたベッドを検(あらた)めてみた。

掛け布団の上に、うっすらと埃(ほこり)が積もっているのが分かった。

クローゼットも覗いてみたが、服が入っているのは、Cさんのクローゼットのみである。

もはや、疑いようもなかった。

初めから——この三人部屋に住んでいるのは、自分一人だけだったのだ。

Cさんはすぐに部屋を飛び出し、管理人室に直行した。

管理人は、最初からこうなることを予想していたようで、素直に事情を教えてくれた。

……もう何年も前のことだ。あの角部屋で、火事があったという。

原因は、寝タバコだったそうだ。焼けたのは寝室だけだったが、ちょうどそこで寝ていた学生が三人とも、煙を吸って亡くなった。

それ以来——出る、というわけだ。

「でも僕が見たのは、二人だけでしたけど」

「そりゃ、三人部屋だからねえ」

Cさんの疑問に、管理人はそう言って苦笑した。


管理人の言葉の意味が分かったのは、翌日のことだ。

問題の角部屋に、新たな住人が入ってきた。

紛れもない、生きた人間である。Cさんと同じ新入生で、正真正銘のルームメイトというわけだ。

実のところ、Cさんは昨日の時点で、真剣に引っ越しを検討していた。だから、さっさと寮を出ていきたいというのが、本音だったのだが……。

しかし、もし自分が出ていけば、今度はこの新入生が一人になってしまう。

さすがにそれも忍びなかったので、結局Cさんは、寮に留まることにした。

しかし――三人部屋だから、ということだろうか。

生きた住人が二人になったことで、今度は幽霊の方が、一人だけになった。

さらに入学式の前日に、新たにもう一人、新入生が入った。

こうして角部屋が埋まると、ようやく幽霊は、一人も出なくなったという。

ちなみに、Ｃさん達三人が卒業して寮を引き上げた後は、幽霊も三人に戻ったそうだ。

留年しなくてよかった――とは、Ｃさんの談である。

○ 死霊（しりよう）

第三十六話　花火の夜に

Tさんという男性が、まだ中学一年生だった時の話だ。

都内某所で催される夏の花火大会に、家族で出かけることになった。

年頃だけに、家族と一緒というのがどうにもパッとしなかったが、親戚も集まるからということで、仕方なく駆り出された。

すでに現地に入っていた伯父（おじ）が、河川敷の草の上にビニールシートを敷いて待っていた。みんなで持ち寄った弁当や飲み物を並べ、小宴が始まった。

Tさんは、ひとりモソモソとおにぎりを齧（かじ）りながら、大人達の会話は無視して、視線を周りに巡らせた。

イベント柄、浴衣（ゆかた）姿の若い女性がそこかしこにいる。その艶（あで）やかな様子を、何となく意識しながら横目で眺めているうちに、やがて空の黒が濃く染まり、花火が上がり始めた。

誰もが川の方に体を向けて、夜空を見上げた。Tさんもそうした。

ドン、と心地よい響きが全身に渡り、次々と大輪の花が夜空に咲き出した。

数発がまとめて上がり、立て続けに輝くと、歓声とともに、河川敷が眩（まばゆ）く照らされた。

その照らされた河川敷に――ふと気になる姿があることに、Tさんは気づいた。

それは、一人の少女だった。

歳はTさんと同じぐらいに見える。

長い髪を垂らし、真っ白な浴衣を着て、人ごみの中にぽつんと佇(たたず)んでいる。
その子だけが、なぜか空を見上げていない。
いや、それどころか、川に背を向けてさえいる。
だから——ちょうどTさんの方から、顔が見えた。
穏やかそうな、優しい顔立ちをしていた。
なぜか、じっと目を閉じている。花火は見ないのかな、とTさんは不思議に思った。
それに、ずいぶんと浴衣が地味に見える。
辺りにいる他の女性達の浴衣とは、明らかに何かが違う。
見比べて、気づいた。模様がないのだ。
白一色である。帯まで真っ白で、太さもあまりない。
それに——着方も少し変わっている。
どういうことだろう、とTさんがその意味を考えていた時だ。
夜空に、一際眩い大輪が花咲いた。
大輪はいくつも開き、無数の光が一つ一つ、尾を引くように垂れ下がった。
——しだれ柳だ。
親戚の一人が嬉しそうに言うのが、耳に入った。
その言葉で、Tさんはようやく、「答え」に思い至った。
——あの子が着ているのは、浴衣じゃない。
——でも、普通の着物でもない。
——だから、胸元の合わせが左右逆なんだ。

Tさんは瞬(まばた)きするのも忘れ、少女を見つめ続けた。

夏の夜空に輝く無数のしだれ柳を背に負い、少女は安らかに目を閉じ、佇んでいた。

やがて光が消え、再び暗い闇が戻ってくる。次に花火が上がり出した時には、もう少女の姿は、どこにもなかった。

――自分とそう歳も変わらないのに、どうしてあの子は、先に逝ってしまったんだろう。

そう思うと、何だか無性に切なくなった。

これが、Tさんの初恋の記憶――だそうだ。

○幽霊（ゆうれい）

第三十七話 上り坂に

大手出版のK社……と名前を伏せるのも妙だが、この本の出版元の本社ビルが建つ、そのすぐ近くで起きた話だ。

近隣のK駅を出て、有名な巨大神社の横を右手に折れると、細い上り坂がある。神社の敷地から伸びた樹々が頭上を覆い、どこか鬱蒼(うっそう)とした雰囲気のある道だ。そこをまっすぐ進んでいくと、坂は下りに変わり、やがてK社のビルに辿(たど)り着く。

K社の前をさらに進むと、すぐに大通りに面したI駅がある。そちらは常に人が多く、店も豊富で賑わっている。だからK社に用がある大抵の人は、I駅を利用する。

おかげでK駅からK社ビルへと至る坂道は、学生や会社員が多く行き交う日中はともかく、夕方を過ぎれば人通りも絶え、かなり寂しくなる。

かく言う僕も、何度もその道を歩いている。特に秋から冬にかけて、陽が落ちてから打ち合わせで本社ビルへ向かう時など、点々と灯(とも)る街灯を追いかけて暗い坂道を上っていくのは、なかなか心細いものだ。

たまに人とすれ違うこともあるが、鬱蒼とした闇の中では、相手もただのシルエットでしかなく、かえって不安を覚えてしまう。

そんな上り坂の途中で――若手女性編集者のYさんは、恐ろしいものに遭ったという。

Ｙさんはいつも Ｋ駅を利用していた。時刻は夜十一時。退社して暗い坂道をすたすたと下り、神社の大鳥居を右手に臨んだところで、ふと会社に忘れ物をしてきたことに気づいた。

資料として読み込んでおこうと集めておいた本だ。正直、取りに戻るのは億劫（おっくう）だったが、かと言って明日まで放置してしまうと、その分スケジュールにも影響が出てしまう。少し迷ってから、Ｙさんは会社へ引き返すことにした。

振り仰いだ暗い坂道は、Ｙさんの見慣れない景色だった。

いつもは明るい午前中にこの坂を上り、暗くなった帰りには、脇目もふらずに足早に下りる。だから、夜になってからこの坂道を上ることは滅多にない。

嫌だな、と思いながら、おずおずと歩き出した。

下りる時は早い坂道も、上りは自然と足が重くなる。季節は晩秋。次第に冬の空気が上着越しに染み込み始める中、Ｙさんは身を縮こまらせるようにして、街灯を頼りに、ひと気のない坂道を上っていった。

そんな時だ。少し先に、ふと誰かの気配を感じた。

見上げると、街灯と街灯の間――ちょうど明かりを厭（いと）うかのように出来た暗がりの中に、黒い影が立っていた。

――人がいる。さっき下りる時は、誰もいなかったのに……。

Ｙさんはぼんやりと、ただそれだけを思いながら、足を進めようとした。

そこで妙なことに気づいた。

黒い影はその場に立ち止まり、微動だにしないのだ。

神社の横手の何もない、ただ真っ暗なだけの坂道の途中だ。普通なら佇む理由などない場所で、あの人影はなぜ、じっとしているのか。

もしかしたら自分を待ち構えているのかも――。

夜道の心細さも手伝ってか、Yさんはついそんなことを想像して、わずかに歩調を落とした。

――いや、それただの被害妄想だから。

心の中で自分にそう言い聞かせる。

ひょっとしたら相手は高齢者で、坂を上る途中で疲れて立ち止まっているだけかもしれない。べつにこちらを見て立っているわけじゃない……。

そこまで考えて、Yさんは不意に、新たな疑問を覚えた。

あの人は――いったいどっちを向いているんだろう。

顔の向きが分からない。坂の上を見ているのか、坂の下を見ているのか。そもそも年寄りなのか、若者なのか。男なのか女なのか。何を着ているのか。何を持っているのか。

それに――本当に人間なのか。

心細さと肌寒さが、あり得もしないはずの不安をかき立てる。

Yさんは、視線を自分の足元に落とした。

見ているから不安になるのだ。もう影を見上げるのはやめて、地面だけを見ていればいい。このままやり過ごして、坂が下りに変わるまで一気に進んでしまおう――。

意を固め、Yさんは俯(うつむ)いたまま、足早に坂道を上り始めた。

街灯の光が迫る中、自分の靴の爪先が交互にアスファルトを伝っていく。時おり落ち葉を踏みしめるが、夜気で湿っているのか、カサリとも音を立てない。

街灯の横を過ぎた。次の街灯に着くまでに、あの黒い影の横を通る。

――大丈夫。べつに何も起きない。怖いことなんかあるはずがない……。

いつしかYさんは、目をギュッと固く瞑っていた。黒一色に染まった闇だけが、Yさんの視界のすべてだった。

やがて、影が佇む辺りに差しかかった。

ぐにゃっ、と爪先が何かに当たった。

Yさんは思わず足を止め、俯いたまま、目をそっと開けてみた。

そこにはYさんの爪先を遮（さえぎ）るように、あの黒い影が仰向けに寝そべって、Yさんの目をじっと見上げていた。

Yさんは声にならない悲鳴を上げ、一気に坂を駆け上った。そして会社で用を済ませた後は、I駅を使って帰り、以降は決してその坂道を通っていないそうだ。

○見越（みこし）

第三十八話　実名検索

エゴサーチ——というものをやったことがあるかたは、どれぐらいいらっしゃるだろうか。

普段使用しているハンドルネームや、SNSに投稿した文章など、そういった「自分に関わるもの」を検索ワードにして調べてみる、という行為である。

もっとも、それで実際にどれだけヒット数があるのか、どんな内容のものが出てくるかは、人それぞれだろう。例えば、普段から特に世間に情報を発信せず、ごく普通に暮らしている人であれば、妙なものが引っかかることは、ほとんどない。

ただ——時として、例外はある。

この話は、そんな「例外」を引き当ててしまった、Sさんという大学生の話だ。


Sさんという人を言い表すなら、「普通の人」である。

特に変わった活動をしているわけではない。親元で暮らしながら大学に通い、趣味に使うお金をアルバイトで稼いでいる。

暇な時間には、スマートフォンでインターネットをしたり、ゲームに興じたりする。

それだけの——本当にそれだけの、ごく普通の人である。

そんな彼が、ある時興味本位で、自分の名前で検索してみたのだという。

……結果はほぼすべてが、自分と無関係なものばかりだった。

同姓同名の赤の他人。たまたま姓と同じ文字で表記する地名。無意味な漢字の羅列——。そんなものが大多数である。

ただ、その中に一件だけ——。

例外が、あったそうだ。

それは、どこかのブログの記事だったという。

真っ黒な背景の最上部に、白い大文字で、『罪状報告』というタイトルが記されている。もっともこれはブログ名のようで、記事のタイトルではない。

記事は、無題だった。

そこに——一本の動画が載っていた。

サムネイルだけでは内容が分からないが、その直前に本文として、撮影された日時と、それから、なぜかSさんの実名が添えられている。検索で引っかかったのは、どうやらこの実名部分のようだ。

さらに末尾には、「2時間」という文字も記されている。動画の長さだろうか。

他に文章はない。Sさんは気になって、動画を再生してみた。

……映っていたのは、近所の裏通りの景色だった。

時間は日中である。カメラは、道端に固定されているようだ。

ふとそこに、自転車を走らせるSさんが映り込んだ。

ペダルを漕ぐ足が、道端に置いてあった民家の植木鉢にぶつかり、盛大に引っくり返した。

動画の中のSさんは舌打ちし、植木鉢を直すことなく、そのまま走り去っていった。

……動画はそこで終わっていた。二時間どころか一分もない。

映っている出来事は、確かにSさんの記憶にある内容だ。

あれは数ヶ月前のことだった。「敷地の外にこんなもん置くなよ」と思いながら、倒した植木鉢を無視して逃げたのを、覚えている。

いったい誰が撮影したのだろう。

しかし――なぜこんなものが撮影されているのだろう。

何より、何の意図があって、ここに上がっているのだろう。

……不気味に思いながら、Sさんはブログの中を見て回ることにした。

記事の件数は、数え切れないほどあった。

どれも無題で、カテゴリーによる分類もされていない。

記事内には必ず短い動画が載せられ、その撮影日時と、映っている人間の名前が記されている。

動画の内容はいずれも、ブログ名のとおり、誰かの犯罪行為を捉(とら)えたものばかりだ。もっとも、どれも微罪レベルだが――。

例えば、自転車の二人乗りをしている高校生がいた。

例えば、ピンポンダッシュに興じる小学生がいた。

例えば、道路に痰(たん)を吐き捨てる老人がいた。

中には、台所でゴキブリを叩き殺している女性の姿もあった。これなどは、犯罪性は欠片(かけら)もない。

……いや、むしろこの動画の方こそ、犯罪的なものではないのか。

どう見ても盗撮だし、肖像権の侵害だ。

それにもう一つ、気になるものがある。動画に添えられている時間表記だ。

Sさんが映っている動画は「2時間」だったが、この部分が、記事によってまったく異なっている。

二人乗りの高校生は「1時間」だった。ピンポンダッシュも「1時間」。痰は少し短めの「30分間」。

ただ、ゴキブリを殺した女性は、長めの「1日間」となっている。

――何か法則性があるのだろうか。

Sさんはさらに、他の動画も見てみた。

万引きをしている中学生がいた。時間は「4日間」。

乱闘している不良達がいた。時間は「5日間」。

中には、何やら金の取り引きをしている男達の姿もあった。時間は「13日間」となっている。

刑の重さ――なのだろうか。

ふと、Sさんはそう思った。

何となく、「懲役(ちょうえき)××年」という言い回しを連想したからだ。

しかしそれにしては、ゴキブリを殺した女性の「1日間」というのは、いささか重すぎないか。

もしや、「命を奪ったから」とでも言うのか。だとしたら、このブログを作った人間は、どれほど偏狂的なのだろう。

Sさんは顔をしかめながら、もう一つ、別の記事を覗いてみた。

動画を再生すると、すぐに二人の男が映し出された。

一人が、手に何かを持っている。

包丁だ――と気づいた刹那、その男がもう一人の男に飛びかかった。

画面に血飛沫(ちしぶき)が溢(あふ)れた。

男は包丁で、何度も何度も、相手を突いた。

……その動画を、Sさんは強張（こわば）った表情で、じっと見続けた。

あまりに突然だったため、目を背けることさえ忘れていた。

気がつくと、再生は終わっていた。

記事の末尾には、時間の代わりに、「執行済み」という文字が記されていた。


それからSさんはすぐに、動画に映っていた男の名前で検索してみたそうだ。

欲しかった情報は、簡単に見つかった。問題の男は、もう十数年も前に、殺人罪で懲役刑になった人物だった。

ブログにある「執行済み」とは、やはりこの懲役のことを指すのだろうか。

そして――この動画は、いったい誰が、どのようにして撮影したのだろう。


最後にSさんは、ブログ内にある検索エンジンで、もう一度自分の実名を調べてみた。

先程の植木鉢を倒した動画とは別に、何件かの記事がヒットした。

とりあえず、一番初めのものを開いた。

それは、Sさんがまだ園児だった頃の動画だった。

公園の片隅で、黙々と蟻（あり）を踏み潰している光景が、鮮明に映っていた。

こんなところを撮影された記憶は、ない。

そもそも当時のカメラで、ここまで鮮明な映像が撮れただろうか。

……記事の末尾には、「23日間」の文字が記されていた。

二十三匹殺したから――ということなのか。

しかし、それで「23日間」何が起こるのだろう。まさか本当に懲役になるとは思えないが……。

これも、いずれ「執行」されるものなのだろうか。

気になったSさんは、もう一度「執行済み」の男のことを調べてみた。

そして、先程は見落としていたが、もう一つ追加のニュース記事があることに気づいた。

それは、男がすでに獄中で病死していた、というものだった。

病死――。あくまで自然死だ。しかし、もしこれこそが「執行」の意味だとするなら、自分の「23日間」は何を指すのだろう。

……ここでSさんは、ふと嫌な想像をした。

例えば――。

そう、例えば、「二十三日分、本来の寿命よりも死期が早まる」とか。


Sさんは、ここで閲覧をやめ、ブラウザを閉じた。

これ以上このブログに関わってはいけない――。本能的に、そう感じたからだ。

……後日、この話を何人かにしてみたが、誰も「そんなブログは知らない」とのことだった。

Sさん自身も、それ以降、このブログを見かけたことはないという。

ただ、「実名検索だけは絶対にするな」というのが、Sさんの鉄則になったのは、言うまでもない。

○しょうけら

第三十九話　通り道

中学で教鞭を執っているHさんが、学生時代に、M県の某河川沿いにあるキャンプ場へ行った時の話だ。

夜、河原に張ったテントに、仲間と三人で寝ていた。

他の二人はすでに寝息を立てていたが、Hさんだけはなぜか寝つけず、寝袋から半身を出したまま、目を開けてぼんやりとしていた。

聞こえるのは、川の流れる音ばかりだ。

ところがしばらくすると、その川の音に混じって、妙な笑い声が聞こえてくることに気づいた。

ひぃひぃひぃ、という、何とも不愉快な笑い方だ。

しかも一人ではない。どうやら集団で笑っているようで、次第に川音よりもうるさくなってくる。

他の利用客が酔っ払って騒いでいるのかもしれない。夜中なのに迷惑な話だ——とHさんが思っていると、その笑い声が、だんだんとテントの方に近づいてきた。

ひぃひぃひぃ——。

ひぃひぃひぃ——。

とにかくやかましい。

本当なら文句の一つも言いたいところだ。だが向こうは大勢である。喧嘩になれば、痛い目を見るのは自分の方だ。

仕方なく横になったまま我慢するうちに、笑い声は、いよいよテントの前まで迫ってきた。

――まさか、俺達に絡みにきたんじゃないだろうな。

危機感を覚えて体を起こす。それから他の二人も起こすべきか、と迷っていると、笑い声はついにテントの寸前まで来た。

そして――立ち止まらなかった。

ひぃひぃひぃ――。

ひぃひぃひぃ――。

けたたましく不快な笑い声は、そのままテントの上へと向かった。

よじ登られたわけではない。それならテントが撓むはずだ。

なのに笑い声は、まるで空を飛ぶかのように、テントの真上を通り過ぎていく。

――ああ、これは無視しないとまずいやつだ。

Hさんはとっさにそう理解し、急いで寝袋に身を潜らせて、目を閉じた。

テントの上を飛ぶ笑い声は、それから十分ほど続いた。他の二人が眠ったまま騒がずにいてくれたのは、ある意味で幸いだったかもしれない。

その翌朝、Hさんがキャンプ場の職員にその話をすると、「また出ましたか」と言われた。

何でも、微妙な「通り道」のようなものがあって、テントを張る位置が悪いと、こういうことが起きてしまうらしい。

「でも、お客さんは運がよかったですよ。上でよかった」

上じゃなかったら、どこを通られたんだ――という質問は、Hさんは怖くてできなかったそうだ。

○ひょうすべ

第四十話　古墳

医大生のNさんが、同じ大学のGさんと二人で、I県の某山を歩いていた時のことだ。登山というよりは、簡単なハイキングである。男同士、互いに気楽な面持ちで森道を楽しんでいると、ふとGさんが、森の奥を指して言った。

「あれ、古墳かな」

見れば確かに、樹々の向こうの開けた草むらに、こんもりとしたドーム状の塊がある。

もっとも、大きさはそれほどでもない。直径にして、せいぜい畳八畳分。高さも、大人の背丈より頭一つ分高い程度といったところか。

表面に青々とした草をびっしりと這わせ、まるで緑の獣がそこにうずくまっているかのようにも思える。しかしそれが人工物であることは、こちらに向かってぽっかりと開いた石造りの入り口を見れば、明らかだった。

「行ってみようか」

Gさんにそう言われたものの、道のない森に分け入るのは気が引けた。

それに入り口には、錆びついた鉄格子がはまっている。中に入れないのは当然とはいえ、あの鉄格子を見ていると、何となく近づいてはいけないもののように思えてしまう。

結局、遠巻きに写真を——当時はデジタルカメラが主流だった——撮るだけに留め、二人で山歩きを再開した。

道は、例の古墳を迂回するように延びていた。

ザクザクと小石を踏み鳴らしながら歩いていると、Gさんがまた口を開いた。

「……あの古墳、変じゃないか？」

「え？」

言われて振り返る。しかしNさんの目には、さっきと寸分違わぬ姿の古墳が映るだけで、何もおかしなものは見えない。

「べつに何も変じゃないけど」

「そうかなあ」

Gさんは納得できない様子で、また歩き始めた。

Nさんが後に続く。

……と、Gさんが足を止め、また古墳の方に目をやった。

「やっぱり変だ」

「何が」

多少の苛立ちを覚えながら、Nさんも古墳の方を見た。

――何も変わらない。

まったくもって、おかしな点などない。もしかしたら、自分はGさんにからかわれているのかもしれない。

そう思った時だ。不意にGさんが、手をつかんできた。

「行こう」

そう言って彼は、Nさんを引っ張って、急ぎ足で森道を歩き始めた。

男に手を引かれるというのもゾッとしない話だったが、相手の様子に何かただならぬ気配を覚えて、Nさんもおとなしくそれに従った。

……GさんがNさんの手を離したのは、やがて道が古墳を離れ、やや険しい上りに差しかかった時だ。

「N、気づいたか?」

そう言われ、Nさんは何のことか分からずに、首を横に振った。

「あの古墳のこと?」

「おう、あの古墳な……。見るたびに、入り口がいつもこっちを向いてた」

Nさんはその瞬間、ハッとした。

さっき何度か古墳の方を振り返った時に、「何も変わらない」と感じた。

……しかし、それはおかしい。自分達は道に沿って古墳を迂回しているのだから、普通なら歩けば歩くほど、古墳の入り口は見えなくなっていくはずである。

にもかかわらず、古墳はその入り口を、常にNさんとGさんの方に向けたままだった――。

「古墳って……要するに、お墓だよな」

Gさんにそう言われて、Nさんは何となく不気味さを覚えた。

ところが、話はこれだけでは終わらなかった。

戻り道の途中で、当然二人は、またあの古墳の横を迂回することになる。

内心「嫌だな」と思いながら歩いているうちに、問題の古墳が視界に入ってきた。

「……位置、ずれてないか?」

Gさんが呟いた。

古墳の位置が、さっき見た時と少し違う——という。

もしそれが本当なら、古墳がまるで動物のように、森の中を這いずっていることになる。

だがNさんは、それを自分の目で確かめるのが恐ろしくて、無言のまま、古墳から目を逸らして歩き続けた。

だから、古墳がなおもその入り口をこちらに向けていたかどうかは、分からなかった。


……その後は何事もなく、二人は無事山を下りた。

Nさんは帰宅後、今日歩いた山のことをネットで調べたが、あそこに古墳が——あるいは古墳のような「何か」が——あるという情報は、まったく見つからなかった。

だとしたら、あれは未知の遺跡だったのか。

しかしそれならば、なぜ入り口に鉄格子がはまっていたのか。

実に不可解な話である。

「……あ、そう言えば、写真撮ったんだっけ」

ふと、Nさんはそれを思い出した。

カメラに古墳の姿を収めたのだ。もっとも、撮った写真はすぐにあの場でチェックしているから、今さら見直しても同じだろうが……。

——いや、大きな画面で見たら、何か気づくことがあるかもしれない。

正直、確かめずに削除してしまいたいという気持ちもあった。しかし一方で、何も知らないでいることにも、不安を覚えてしまう。

だからNさんは意を決して、カメラをパソコンに繋ぎ、写真のデータを開いてみた。

パソコンのモニターに、青々とした古墳と、石造りの入り口、そして錆びた鉄格子が、でかでかと映し出される。

一見何の変哲もないように思える。写っているものが「あの古墳」だという一点を除けば、他愛もない写真だ。

だが――まじまじと眺めているうちに、Nさんは気づいた。

……入り口を塞ぐ鉄格子の向こう側に、うっすらと何かが見える。

そこは古墳の内側で影になっているから、何があるのかは、よく分からない。しかし少なくとも、空っぽの空間が広がっているわけではなさそうだ。

それを確かめる手段は――ある。

デジタル画像だから、簡単に光量の補正がかけられる。もう後には引けなかった。

Nさんは恐る恐る、画像の明度を上げてみた。

鉄格子の向こうにあるものが、画面の中に姿を現した。

……人だった。

全身が土気色の、人の形をしたものが、大勢ひしめいていた。

それが鉄格子の向こうから、食い入るように、こちらをじっと見つめていた。

Nさんは――それを確かめた瞬間、すぐに画面を閉じ、息をついた。

それから写真のデータを消そうかどうか迷っていると、そこへGさんから電話がかかってきた。

『おい、古墳の写真撮ったよな？　あれすぐ削除した方がいい』

そう言われても、手遅れである。Nさんがそれを告げると、Gさんは『何が写っていた？』と逆に尋ねてきた。

それから二人で、写っていたものを確かめ合った。その結果、二人の撮った写真には、微妙な違いがあることが分かった。

……Nさんの写真には、土気色の人間が写り込んでいた。

しかし、Gさんの写真に写り込んでいたものは、「色」が違った。

全身が血塗られたように、真っ赤だった――という。

「色調の誤差じゃないか?」

Nさんはそう言ったが、果たしてそれが正しかったのかどうかは、分からない。

もしかしたら本当に、Gさんの写真には、禍々(まがまが)しい赤の人間が写っていたのかもしれない。

その証拠に……かどうかは分からないが、後日Gさんから、こんなメールが届いた。

『古墳が家まで這ってくる気がする』

この不可解な一言だけを残して、Gさんはすぐに大学を辞め、引っ越していった。

彼にだけ――何らかの「障り(さわり)」があったのだろうか。

真相は、今でも謎のままだ。

○ わいら

第四十一話　真っ黒

過去にネット上で動画を配信していた、Oさんという男性の話だ。

Oさんが扱っていたのは、廃墟や廃村を撮影した映像だった。

仲間同士で集まって車で現地に行き、カメラを回しっ放しにしながら歩き回る。特に怖いものが映るわけではないが、視聴者の探検心をくすぐると見えて、再生回数は割と好調だったという。

そんなOさんが最後に訪れたのが、A県の、とある無人の神社だった。

国道沿いのパーキングエリアに車を停め、そこから森の中を徒歩で進んだ先に、その神社はある。

Oさんは森の中からカメラを回し始め、先頭に立って、雑草だらけの道を黙々と歩いていった。

やがて道の途中に、古ぼけた鳥居が一つ、ポツンと佇んでいるのが見えた。

くぐって進むと、十メートルほど先に、また鳥居があった。これもくぐっていくと、さらにまた別の鳥居がある。

こんな調子で、全部で六つの鳥居が、参道とは名ばかりの荒れた道に、等間隔で並んでいる。

その先は境内だが、もはや草ぼうぼうで、見た目はただの野原と変わりない。そんな「かつて境内だった場所」の一角に、屋根ごと潰れた社殿が、ひっそりと横たわっていた。

無人になって久しい頃、地震の影響でこうなったそうだ。

地に伏した瓦屋根の下に、無数の木材や瓦礫がひしめき合い、それ自体が巨大な一つの屍のように見える。もはや、神社と呼べるかどうかも怪しい。

Oさん達は、その荒れ果てた景色をたっぷりとカメラに収め、また六つの鳥居をくぐって、神社を後にした。

車に戻ったOさん達は、撮ってきた映像を、さっそくチェックしてみた。

最初は森の風景から始まる。昼なお暗い道を進んでいくと、やがて樹々の間に、古ぼけた鳥居が現れる。カメラはまっすぐに、その鳥居の下をくぐり――。

……ふっ、と画面が一瞬だけ、真っ黒になった。

「あれ？　今、変だったよな」

一人が呟いた。しかし、おかしかったのはほんの一瞬だけで、映像はその後も普通に続いている。何かの弾みで、あの時Oさんがカメラの操作を誤ったのだろう――。何となく各々がそう結論づけながら、さらに映像を進めた。

するとまた次の鳥居の下で、ふっ、と画面が真っ黒になった。

「おかしくない？」

「O、撮ってて何か気づかなかった？」

口々に言いながら、全員で首を傾げた。

映像はその後も、カメラが鳥居をくぐるたびに、ふっ、と真っ黒になる。

境内や社殿を撮っている間は、何事もない。しかし、帰りにまた鳥居をくぐると、やはりそれに合わせて、画面が一瞬だけ真っ黒になるのだ。

映像が途切れている――というわけでもないらしい。

「……何かが映り込んでるんじゃないか？」

一人がそう指摘した途端、車の中がシーンと静まり返った。

問題の映像は、仲間の一人に調べてもらうことになった。

彼の言うには、おそらくレンズの真正面に何かが現れて、それが一瞬だけ映り込んだ可能性が高いようだ。だから、専用のソフトを使って映像に補正をかけてやれば、何が映り込んだのか、ある程度目視できるようになるかもしれない――とのことだった。

Oさんは帰宅後、映像データを彼に送り、あとは任せておくことにした。

連絡があったのは、それから数日後のことだ。

『この動画ヤバい。消した方がいいかも』

そんなメッセージとともに、補正後のデータが送り返されてきた。

――再生は一回だけにしておくこと。

ご丁寧に、そんな一言も添えられている。

Oさんはおっかなびっくり、動画を再生してみた。

まずは森の景色から始まる。何も変わりない。

荒れた道をカメラが進む。ここも、何も変わりはない。

やがて樹々の間に、鳥居が現れた。カメラがまっすぐに、その下をくぐり――。

……ふっ、と画面が、真っ黒なものに覆い尽くされた。

一瞬だが、くっきりと見えた。

髪の毛だった。

黒々とした髪の毛が、突然カメラのレンズに覆い被(かぶ)さるように、現れたのだ。

もちろん、Oさんの髪ではない。

その後もカメラが鳥居の下をくぐるたびに、髪の毛が現れて、ふっ、とレンズを覆う。

行きに六回。帰りに六回。合わせて十二回の髪の毛を確かめたところで、Oさんは急いで、動画を補正してくれた仲間に電話をかけた。

「おい、今例のやつ見たんだけど」

『一回だけ?』

「うん。あれ何?」

『分からない。とにかく、もう再生しない方がいい』

「でもさ、これガチなやつだろ? アップしたら、かなりウケるんじゃないかな」

『いや……やめといた方がいいと思う』

「どうして?」

『再生するたびにさ、……毎回、全部の鳥居で変わるんだよ』

「何が」

『……髪の毛の量』

「…………」

『ああ、あと——』

「……何だよ」

『……三回目の再生で、顔が映った』

それ以上の確認は必要なかった。

Oさんはすぐに手元の映像データを削除し、それ以来、廃墟巡りもやめたという。

○おとろし

第四十二話　隣の仏間

僕の旧友のEさんが、大学生だった時の話だ。

ある年のゴールデンウィークに、友人のYさんと、二泊三日でT県に旅行に行くことになった。

まずは宿の手配ということで、安い旅館を探して予約するつもりだったのだが、ふとYさんが、こんなことを提案してきた。

「俺の親戚の家に泊めてもらうのはどうかな」

Yさんは父親がT県の出身で、そこに住んでいる伯父夫婦が上京してくる時は、いつもYさんの自宅に泊まってもらっている。そこで今回は逆に、こちらから泊まりにいこうというのだ。

初めは遠慮したEさんだったが、すでに先方には連絡済みで、「お友達も一緒に、いつでも泊まりにおいで」と快い返事をもらっているという。それならばと、Eさんも素直にお世話になることにした。

ちなみにYさんも、先方を訪ねるのは初めてだという。

やがて予定の日になり、二人は手土産持参で、夜行バスでT県へと向かった。

午前中に現地に着き、いくつかの観光スポットを巡った。それからバスに乗り、伯父夫婦の待つ家へと向かう。到着したのは、夕方の五時過ぎのことだ。

家は閑静な町の一角に建つ、昔ながらの日本家屋だった。

もともとは八人の大家族で住んでいたが、すでにほとんどが東京に出たり他界したりで、今は伯父夫婦が二人だけで暮らしているという。夫婦は気さくな人で、Ｅさんともすぐに打ち解けた。

晩ご飯には寿司（すし）が振る舞われた。酒も入り、ひとしきり盛り上がった後で、今夜寝る部屋に通された。

二人が案内されたのは、六畳の座敷だった。

細い廊下をまっすぐ進んだ先が行き止まりになっていて、左手に部屋が二つ並んでいる。その、手前側の方だ。

「二人で寝られる部屋がここしか空いてないけん、ちっと狭いけど堪忍な」

案内してくれた伯母さんが、申し訳なさそうに言った。

廊下との境は、山水の描かれた襖（ふすま）で隔（へだ）てられている。中に入ると、右手がやはり襖になっていて、廊下で見た奥の部屋と繋がっていた。

水に躍る鯉が彫られた立派な欄間（らんま）の下、開かれた襖の向こうに、同じ六畳の座敷が広がっている。

立派な仏壇が据えられている。いわゆる、仏間（ぶつま）だ。

「こっちは閉めとくけん」

伯母さんは、仏間をチラリと見てそう呟くと、隣室へと続く襖をピシャリと閉めた。

「開けたら広くなるのに」

「あかんよ、開けたら」

Ｙさんの言葉に、伯母さんはやや鋭い口調で言い残し、去っていった。

空いている部屋がここしかない——ということは、仏間は「空いていない」ということだろうか。

Ｅさんはそう思ったものの、深くは考えなかった。

それから交代で入浴を済ませ、部屋で明日の打ち合わせなどするうちに、振り子時計がボーン、ボーン……と低い音を十二回、鳴らした。

もう寝よう、とYさんが言った。

布団は、廊下に足を向ける形で二つ並んでいた。Eさんは仏間の側に横になった。

明かりを消すと、昼間の疲れもあって、すぐ眠りに落ちた。

それから——何時間経ったか分からない。

カタッ、カタッ……という妙な物音に、ふとEさんは目を覚ました。

薄暗い天井が見えた。うねるような木目を眺めながら、ぼんやりとしていると、また、カタッ……と音がした。

Yさんは隣の布団で寝息を立てている。

音は、隣の仏間から聞こえていた。

Eさんは首を巡らせ、襖で遮(さえぎ)られた仏間の方を見た。

特に変わった様子はない。もし誰かがいるなら、仏間に明かりが点(とも)るはずだ。しかし閉ざされた襖のわずかな隙間にも、上の欄間にも、ただ濃厚な闇が覗くばかりだ。

——気のせいか。

Eさんがそう思った時だ。

ぬとぉっ……。

何とも文字では表し難い、嫌な音が、仏間で静かに鳴った。

思わずビクッとして、半身を起こす。

ぬとぉっ……。

また同じ音が鳴った。

気のせいではない。仏間で何かが起きているのだ。

Eさんは息を殺して、耳をそばだてる。

ぬとっ……ズズズ。ぬとっ……ズズズ。

音の調子が変わった。

ぬとっ……ズズズ。ぬとっ……ズズズ。

途切れない。まるで何かが畳の上を這い回っているかのように、音が続く。

誰かいるのだろうか。だとしたら伯父夫婦か。でも、それなら明かりも点けずに、いったい何をしているのか。

——あり得ない。

Eさんはすぐに、伯父夫婦の可能性を頭から消した。

そもそもこの音は、人間が出せるようなものじゃない。

……ふと、脳裏に嫌な想像がよぎった。

最初のカタッ、カタッ……という音は、もしかしたら位牌が揺れる音ではないのか。

位牌を揺らして、そこから——そう、仏壇の中から何かが出てきて、畳の上に降り立った。そして、真っ暗な仏間を這い回っている……。

いや、そんな馬鹿なことあるはずがない——と思いたい。しかし今、襖一枚隔てた隣室で、間違いなく何かが蠢いている。

もしその「何か」が、この襖を開けたら……。

嫌だ——と思った刹那、不意に振り子時計が二度、低い音を立てた。

仏間の音が、ピタリとやんだ。

しかし、終わったわけではなかった。時報の余韻が絶えるのを待って、隣室の「何か」は、またもゆっくりと這い回り始めた。

ぬとっ……ズズズ。ぬとっ……ズズズ。

ぬとっ……ズズズ。ぬとっ……ズズズ。

……ばたん！

突然襖が鳴った。

Eさんの見つめる中、仏間を隔てている襖が、確かに音を立てて震えた。

「ひっ」

思わず悲鳴が漏れた。慌てて口を閉じたが、すでに遅かった。

Eさんはとっさに布団を頭から被り、身を横たえた。

同時に、ガラ……と襖が開く音がした。

妙に生臭いにおいが、むわぁっと部屋に流れ込んできた。

Eさんは布団に潜り込んだまま、寝たふりを装うべく、じっと息を潜めた。

ズズズ……と、音が這い寄ってきた。

ぺた……と、何かが布団越しに、Eさんの体に触れた。さらにぺた、ぺた……と二度触れた。

人の手の感触に、それはよく似ていた。

絶対に反応するな——。Eさんの本能が、激しくそれを告げていた。

そして、数分の時が流れた。

ズズズ……と、遠ざかる気配があった。

襖が再び、ピシャリと閉められた。生臭いにおいが薄れていくのが分かった。

それでもEさんは、じっと布団を被ったまま、朝までの時間を耐え忍ぶことにした。

やがて振り子時計が四時を告げた頃、ようやく戻ってきた眠気がEさんの緊張を解き、静かに呑み込んでいった。


朝になった。

頭から被った布団は、いつしか、はねのけていた。

部屋に薄明かりが差したのを覚えて目を開けたEさんは、その途端、思わず悲鳴を上げた。

驚いたYさんが飛び起き、目を丸くして叫んだ。

「E、お前、何でそんなとこに寝とんの？」

襖は開け放たれていた。Eさんは布団ごと、隣の仏間に引きずり移されていたそうだ。

○ 塗仏（ぬりぼとけ）

第四十三話　関わるな

Nさんという男性会社員の身に、十年以上も前に起きたことだ。

日曜日に友達数人で集まって、とある音楽イベントに参加することになった。

ただ友達曰く、その日の夜は、雨だという。

イベント自体は日中に終わるが、流れで飲み会になるのは目に見えている。つまり、帰りはほぼ間違いなく、降られるわけだ。

Nさんは普段、傘を持ち歩く習慣がない。雨に降られた時は、コンビニでビニール傘を買って済ませている。おかげで玄関の傘立てがビニール傘だらけだったので、つい最近まとめて処分したばかりだ。

同じことを繰り返すのも能がないと思い、Nさんは当日、バッグに折り畳み傘を入れていくことにした。


そして、日曜日が来た。

当初の予定どおり、イベントの後は飲み会に移った。気心の知れた仲間同士で大いに盛り上がり、Nさんが帰る頃には、すでに終電の時刻が訪れていた。

雨は降っていなかった。もっとも酔いの回ったNさんは、すっかり天気のことなどは忘れていた。

地下鉄に乗り、家の最寄り駅でひとり降りて、地上に出た。

外では、ようやく雨がしとしとと降り始めていた。

酔ったNさんはいつもの癖で、近くのコンビニに駆け込んだ。

店員が手際よくレジ前にビニール傘を置いていたので、一本買って表に出た。

そこで——思い出した。

傘はバッグの中にあったのだ。無駄なことをしてしまったと思いながら、買ったばかりのビニール傘を差して、再び帰路を行き始めた。

表通りを抜け、ひと気のない真夜中の道を歩いていく。

雨の滴る音が、常に静寂をかき消している。おかげで夜道の心細さはない。

アルコールも手伝って、だいぶ判断力が鈍くなっていた。

そんな時だ。

……ふと、行く手に白いものが見えた。

小さな川にかかった橋の上に、誰かが佇んでいた。

街灯が姿を照らしている。女だ。

雨具を持っていないのだろう。長い黒髪と、薄手の白のワンピースが、雨で全身にべったりと張りついている。

歳は二十代か、それより少し若いだろうか。

整った顔立ちをしている。ただ、表情はない。

それが素足にサンダル履きで、こちらの方を向いて、じっと立っている。

いったいこんなところで、何をしているのか——。Nさんが酔っていなければ、「おかしい」と不審に思うことができたかもしれない。

歩みを進めるうちに、距離が縮まってくる。間近に迫るにつれて、Nさんの目は自然と、女の顔と、濡れた体に吸い寄せられた。

酔った勢いと助平心が、Nさんを突き動かした。

「ねえ、どうしたの？」

思わず、気軽に声をかけていた。

「びしょ濡れじゃん。うち来る？」

さすがに冗談めかしたが、あいにく、女からの反応はない。

「じゃあ、この傘使う？」

Nさんは気を取り直して、真っ当にビニール傘を差し出した。

「俺もう一本傘持ってるからさ。今度会ったら返してくれればいいから――」

そんなことを言いながら、女の手を取って、ビニール傘を握らせる。

……と、女が不意に、にっこりと微笑んだ。

Nさんもつられて、締まりのない顔で笑い返した。

それから自分の折り畳み傘を差すと、女に手を振って、別れた。

橋を渡り切ったところで振り返ると、女は渡された傘を使うことなく、Nさんの方を見ながら、じっとその場に立っていた。

Nさんはもう一度手を振って、帰路を急いだ。

翌朝のことだ。

Nさんは、一戸建ての家で一人暮らしをしている。

起きて顔を洗い、それから新聞を取りに玄関に向かった。

表に出るために靴を履こうとして、ふと見ると、三和土（たたき）が妙に濡れている。

昨日帰った時に、雨が吹き込んだのだろうか。しかし、一晩で乾かないほどの雨ではなかったはずだが――。

傘立てに挿したビニール傘を横目に、Nさんは表に出た。

よく晴れた朝だった。

門柱のポストに入っていた新聞を抜き出し、再び家の中に入る。

そしてドアを閉め、靴を脱いで玄関に上がりかけ――。

そこでようやく、「あれ?」と気がついた。

家に溜まっていたビニール傘は、つい最近まとめて処分したばかりではないか。

不思議に思い、もう一度傘立てを見た。

やはりビニール傘が、一本だけある。

表面に、透明な水滴の粒が、びっしりと張りついている。

コンビニでビニール傘を買ったことは、うっすらと覚えている。しかし、その後で確か……。

昨夜の記憶を辿りながら、視線を下ろす。ビニール傘の隣に、湿った折り畳み傘が、申し訳なさそうにちょこんと置かれている。

――そうだ。昨日は途中から、折り畳み傘を使ったんだ。

――こっちのビニール傘は、道端で女に貸して……。

「……何でここにあるんだ?」

思わず声に出して呟いていた。

考えられるとすれば――あの女が、返しにきたのか。

しかし、住所を教えた覚えはない。

それともまさか、後を付けられたとでもいうのか。けれど玄関のドアは、帰った時に、しっかりと施錠している。彼女が外から、三和土の傘立てに傘を突っ込めたはずがない。

わけが分からない――。

Nさんは困惑しながら、改めて玄関を眺め回した。

そして、なぜ三和土が濡れているのか、ようやく分かった。

扉付きの下駄箱の下から、ポタポタと水が垂れているのだ。

ここに濡れた靴を入れた覚えはない――。

現に、昨夜履いていたスニーカーは、三和土に出しっ放しにしてある。

Nさんは恐る恐る、下駄箱の扉を開けてみた。

……見慣れぬサンダルがあった。

女物だ。

そのサンダルから水が滴り、下駄箱の下から漏れ出している。

そう言えば――昨日の女も、サンダル履きではなかったか。

「何で、ここに……？」

ビニール傘を見つけた時以上の困惑が、Nさんを襲った。

だが、その意味に気づいた途端、困惑は恐怖へと変わった。

――まさか、家の中にいる？

Nさんは慌てて、三和土から廊下を振り返った。

ひと気は、ない。

靴を脱いで、そっと上がる。

その途端、足の裏にひやっとした感触が走った。

「おぉっ?」

小さく叫んで見下ろすと、足元のフローリングが、まるで雑巾で拭いたばかりのように、しっとりと濡れている。

……いや、足元だけではない。目を凝らすと、濡れた跡は廊下をなぞるようにして、奥に向かっていた。

――女が歩いた跡だろうか。

そう考えたものの、すぐに「違う」と思い直した。

廊下に付いた跡は、湿り気で出来た帯のように、一本の線を描いている。

濡れたモップを廊下に押し当てて突き進んだ跡――という喩えが、一番しっくり来るかもしれない。

しかし、もしあの女が濡れた足で歩いたのなら、廊下には「足跡」が残るはずである。

だからこの廊下の跡は、そうじゃなくて――。

……いったい、何なのだろう。

合理的に考えようとしたら、ますますわけが分からなくなった。

――女が自分の足跡を拭きながら、廊下で後ろ歩きをした? そんな馬鹿な。

――それとも、足がないのか?

――いや、そんなはずはない。だって彼女は、サンダルを履いていたじゃないか。

——でも、現にこれは……。

妄想じみた考えが、頭の中を延々と渦巻く。

Nさんは——素直に、跡を辿ってみることにした。

濡れたところを踏まないようにしながら、そっと廊下を進んでいく。

……跡は、寝室まで続いていた。

ついさっきまで、Nさんが寝ていた場所だ。

朝起きた時、特に異変はなかったはずだが……。それに、廊下もまだ濡れていなかったように思う。

Nさんはそっと、寝室に足を踏み入れた。

敷かれたカーペットの上に、湿った帯が続いている。

帯は、ぐねぐねと蛇行しながら、部屋の片隅にあるクローゼットの前で途切れていた。

——開けるべきか？

正直、身の危険を覚えないわけではなかった。

しかし、確かめずに済ませることもできない。

観念してクローゼットに歩み寄る。

そして扉に手をかけた、その時——。

……パッ、と背後から両目を塞がれた。

濡れた冷たい手が、すぐ後ろから伸びてきて、Nさんの顔を覆っていた。

「うわっ！」

思わず叫んで、はねのけた。

それから振り返ったが、もうそこには何もいなかった。

ただ、すぐ背後のカーペットが、まるでコップの水でもぶちまけたかのように、ぐっしょりと濡れていたそうだ。


しかもこの異変は、一度きりでは済まなかった。

Nさんはほぼ毎日のように、家の中に湿った帯状の跡が走っているのを、見つけた。

その跡を辿ると、必ずあの女がいた。

もっとも、直接姿を現すことはない。

例えば居間では、背後から濡れた手で、頬を撫でられた。急いで振り返っても、誰もいない。

風呂場では、Nさんが覗き込んだ途端に、耳元で「ひ……」と笑う声だけがした。

もちろん跡を辿らずにいれば、遭遇することはない。しかし生活している以上、そう上手く行かない時もある。

例えば、ある日のことだ。Nさんがトイレに行こうとすると、例の湿った跡が、そのトイレまで続いているのが見えた。

嫌だな、と思った。しかし、我慢できる状態でもない。

仕方なくトイレに入って、便器の蓋を開けると、中に真っ黒な髪の毛がびっしりと詰まっていた。

Nさんは耐えられずに家を飛び出し、近くの公衆トイレで用を足す羽目になった。

この「髪の毛」にも、しばしば悩まされた。

朝起きると、濡れた長い髪が一筋、なぜかNさんの顔に貼りついていることが、何度もあった。

もちろん、自分の髪ではない。気持ちが悪いので念入りに顔を洗うと、今度は顔を洗った指に、新たな髪の毛が絡みついている。

そういう日は、炊飯器や湯船の中にも、見知らぬ長い髪の毛が紛れ込んでいることが多い。うんざりしながら夜中になり、ベッドに入ろうとすると、布団の中に濡れた髪の毛の束が、とぐろを巻いている——。

Nさんはやがて、頻繁に会社に泊まり込むようになった。

ただ、こんな暮らしを、いつまでも続けるわけにはいかない。そう思って一度、実家の両親と兄に相談してみた。

すぐに兄が来てくれた。兄は「女を見つけて警察に突き出してやる」と言って、家捜しを始めた。例の濡れた跡は、すぐに見つかった。兄はNさんをその場に残して、勢い込んで跡を辿っていったが、五分としないうちに逃げ戻ってくると、語気を荒くして叫んだ。

「馬鹿っ、すぐに引っ越せ！」

兄の首筋に、血が滲（にじ）んでいた。女に噛まれたらしい。

「ここにいたら命がないぞ！」

真っ青な顔で悲鳴を上げる兄を、Nさんは懸命に宥（なだ）めた。

ともあれ——この助言に従う以外に、手段はなさそうだった。

……以上が、Nさんという男性会社員の身に、十年以上も前に起きたことである。

この後、Nさんはすぐに引っ越したそうだ。

そして学んだことがある。「この世には、絶対に関わってはならないものがある」ということだ。

——事件から、十年以上が経った。

Nさんは、五回引っ越した。
女は、Nさんのところに、まだいる。

○濡女（ぬれおんな）

第四十四話　訪ねてきたもの

男性会社員のNさんが、十五年以上前に体験した出来事だ。

当時Nさんは中学生だったが、学校に馴染めず、いわゆる「引きこもり」になっていた。

家族や担任の先生はずいぶん心配したが、何しろ反抗期ということもあって、そういった心配そのものが鬱陶しく感じられてしまう年頃だ。だからNさんは、できるだけ誰とも顔を合わせないように、普段は自室に籠ってばかりだった。

Nさんの家は都内のマンションで、家族は両親のみだ。その両親も共働きだったから、昼間はNさん一人が家にいることになる。そのタイミングだけが唯一、Nさんが日中に自室から出る時間だった。

Nさんは昼ぐらいに起きると、耳を澄ませて家族がいないのを確かめてから、部屋を出る。食事は作り置きされたものが台所に置いてあるので、それで済ませる。その後は部屋に籠ってネットやゲームなどで時間を潰し、眠くなったら寝る。次に部屋を出るのは、家族が寝静まった真夜中だ。やはり作り置きされている晩ご飯を食べ、ぬるくなった風呂の湯に浸かり、部屋に戻る。そして眠くなったら寝る——。それがNさんの日課だった。

もちろん例外もあって、どうしてもトイレに行きたくなった時などは、家族がいても部屋から出て素早く済ませたし、逆に家族が仕事休みで家にいる時などは、たとえ日中でも部屋に籠りきりだった。どちらにしても、当時のNさんが家族の目を避けていたのは確かだ。

さて、このような日々を送っていると、どうしても「音」というものに敏感になる。今この家に人の気配があるか。あるとしたら父親と母親のどちらか、あるいは両方か。どの部屋にいて、何をしているのか。寝ているのか、起きているのか——。そういった情報を、Nさんは自分の部屋に籠りながら、すべて耳で確かめていた。

家の中だけでなく、エレベーターから玄関に至るまでの通路にも、自然と注意を払っていた。足音や、スーパーのビニール袋が擦れる音、鍵が鳴る音——。そんな音が少しでも聞こえれば、たとえ日中でも、Nさんはすぐに自室に引っ込むのだった。

そんな生活が三ヶ月も続いた、ある初秋の水曜日のことだ。

午後三時——。家族はまだ仕事に出ていて、普段なら誰が帰ってくることもない時間。Nさんが部屋のベッドでうたた寝していると、不意に玄関の外で、ガチャガチャと鍵の音がした。

誰かが帰ってきたようだ。この時間なら、パートに出ている母の方だろう——。Nさんがそう思ったところで玄関のドアが開き、人の気配が上がり込んできた。

玄関を閉め、靴を脱ぎ、廊下に上がり、Nさんの部屋の前を通り過ぎ、リビングに向かう——。そんな母親の一連の動作を耳で追いながら、「帰ってくんの早ぇよ」と内心悪態をつく。もっとも今まで部屋で寝ていたわけだから、特に文句を言う理由もないのだが……。当時反抗期だったNさんにとって、家族の生活音そのものが嫌悪の対象にもなっていた。

すぐにテレビの音が聞こえてきた。それから台所で水音がして、カチリと何かのスイッチが鳴る。ポットで湯を沸かしているのだろう。お茶でも飲むのだろうか。

ゴボゴボと湯の沸く音に耳を傾けながら、Nさんは母の動向を探る。もっとも、この部屋には入ってくるなと何度も言ってあるから、干渉してくることはないだろうが……。

やがてポットの音が止まり、少ししてお茶を啜る音が聞こえてきた。Nさんはそれ以上探るのをやめ、再びまどろみ始めた。

そして——三十分も経った頃だろうか。

不意に玄関で鍵が鳴った。

Nさんがハッとしたのと、玄関のドアが開くのと、同時だった。

父だろうか。いやに早い帰りだが……。

しかし不思議なことに、廊下を歩いて部屋の前を通り過ぎていく足音や気配は、母のそれによく似ている。

その直後、母の声が響いた。

「N、テレビ見てたの？　見終わったら消してね？」

……あれ？

Nさんは目を瞬かせた。テレビを点けたのは、母ではなかったのか。

「お茶飲んでたの？　ねえN？」

再び母の声がNさんに呼びかけてきた。Nさんは仕方なく「知らない！」と声を上げ、それから
無言で部屋の中に立ち尽くした。

言われたことが理解できなかった。テレビを点けたりお茶を飲んだりしたのは、もちろん自分ではない。だが……母でもないらしい。少なくとも、母は今帰ってきたようだ。

ということは、三十分ほど前に帰ってきたのは、父なのか。父がテレビを点けてお茶を飲み……

いや、それはない。もし父が帰っていたなら、今この場で母と何らかの会話があるはずだ。

考えられる可能性は二つあった。帰ってきた父が消えたか、あるいは、さっき帰ってきたのが父でも母でもなかったか、だ。

だとしたら、あれは「帰ってきた」のではない。

……「入ってきた」のだ。

でも――とそこでNさんは冷静に考え直した。

少なくとも三十分前に現れた「誰か」は、うちの鍵を持っていた。その上で、両親のどちらでもないとしたら、それは合い鍵を持っている人物だ。

マンションの管理人か、それともこっそり鍵を作った別の人物か――。いや、どちらにしろ、それが人の家に勝手に上がり込んで、盗みでも働くならまだしも、テレビを見ながらお茶を飲んでくつろぐ理由がない。

わけが分からなかった。もっとも、それを母親に話して相談することは、引きこもりだった当時のNさんにはできなかった。

結局自分一人で抱えたまま数時間を過ごし、夜になって父親が帰ってきたのを耳にして、疑問ははっきりと不安に変わった。

父でも母でもない「あれ」は、誰だったのか……。

だがその不安も、一夜明ければ忘れてしまうはずだ――。少なくとも、Nさんはそう信じていた。

次にNさんがそれを体験したのは、翌日の午後のことだった。

エレベーターから降りてきた足音が、玄関の外で止まるのが聞こえた。ちょうどジュースを取りに台所に行っていたNさんは、ペットボトルを引ったくるようにつかむと、急いで部屋に引き返そうとした。

最初は、いつもの「家族と顔を合わせたくない」という条件反射から出た動きだった。しかし途中ですぐ、それは不安に切り替わった。

――あれ、この時間って、もしかして昨日と同じ？

Nさんは気づいた。時計が午後三時を指していることに。

例の奇妙な体験が鮮明に蘇ってきた。昨日の同じ時間に家にやってきた、母でも父でもない、別の「誰か」……。今もまた同じことが起きようとしているのだろうか。

部屋へ向かう足が自然と速まる。廊下を急ぎ足で進む傍ら、外で鍵の音が鳴る。視界の端に玄関の様子が見える。ドアノブがゆっくりと回っている。

――見たくない。

とっさに顔を背けた。それに……。

――見られたくない。

入ってくる「誰か」に自分の姿を見られることが、恐ろしく思えた。相手が何者なのかは分からないが、自分が家にいると知られてはならないと、そう思った。

自室のドアを開けると同時に、玄関のドアが動く気配があった。Nさんはすぐ部屋に飛び込み、後ろ手に、素早く静かにドアを閉めた。

……「誰か」が家に入ってきた。

上がり込む気配があった。廊下を微かに衣擦れが動く音がする。またリビングでくつろぐつもりだろうか。

Nさんはドアに背を預け、じっと息を殺しながら、相手の様子を窺い続ける。

相手は廊下を進み、やはりリビングへ行くと、テレビを点けた。それから台所でポットをいじる。昨日と同じだった。

……そう、ここまでは。

自室のドアに張りついていたNさんは、すぐ異変に気づいた。不意にテレビの音が消えたかと思うと、リビングでくつろぎ始めたはずの「誰か」の気配が、ゆっくりと動き出したのだ。

衣擦れの音が、再び廊下に戻ってきた。

テレビが消えて静寂が戻った家の中に、ぺた、ぺた、と足音が微かに響く。

帰るのだろうか。それとも――。

Nさんの心の中に、ふと嫌な予感が生まれた。

その予感を裏切ることなく、足音は、Nさんの部屋の前で、ピタッと止まった。

Nさんが背中を預けたドア越しに、「誰か」がじっと佇(たたず)んでいるのが分かった。

カタッ、とドアノブが小さく鳴った。Nさんは触れていない。触れたのは、廊下にいる「誰か」だ。

――入ってくる！

Nさんは背中でドアを押さえたまま、とっさに震える手でドアノブをつかみ、動かないように力を込めた。

ガタ、ガタ、とドアノブが蠢(うごめ)いた。Nさんが押さえているため、回りはしない。だが――これで少なくとも相手は、Nさんが部屋にいることを確信したはずだ。

ガタ、ガタガタ。

ドアノブが鳴り続ける。それを握り締めるNさんの手に、じわりと汗が滲(にじ)み出る。

カリ、カリ……。

ドアを引っ搔く音がした。ドア越しにもかかわらず、まるで背中をじかに搔かれたかのような錯覚を覚え、全身に鳥肌が立った。

……その時だ。不意にリビングの方で、けたたましい音が鳴った。電話だ。

「ひっ！」

思わず悲鳴が漏れた。

ドアの向こうに立った「誰か」は、しかしNさんの悲鳴よりも、電話を優先したようだった。衣擦れが、ゆっくりと動き出した。部屋の前から廊下を進み、リビングへ——。遠ざかるその気配を耳で確かめながら、Nさんは荒い鼓動を抑えるべく、静かに深呼吸を繰り返した。

電話の音は鳴り続けていた。その音が、「ピッ」というプッシュ音とともにやんだ。

通話ボタンが押されたのだ。

「…………」

電話に出た「誰か」は、無言のままだった。

受話器の向こうから、大声で「もしもし？」を繰り返す声だけが、微かに聞こえていた。

そのまま数秒が過ぎた。電話の相手は諦めたのか、やがてツー、ツー、という電子音に切り替わった。

受話器が戻される。勝手に人の家の電話に出た「誰か」は、再び衣擦れの音とともに、廊下に引き返してきた。

——また来る！

Nさんは半泣きになりながら、懸命にドアにしがみついた。

ぺた、ぺた、ぺた。……カタッ。

再び「誰か」がドアノブに手をかけた。

カタッ。カタカタッ。

……ドンッ！

ドア全体に衝撃が走った。

「うぅ」

くぐもった悲鳴が、Nさんの口から溢（こぼ）れる。……だがそれ以上のことは起こらなかった。

不意に、玄関で鍵の鳴る音がした。

ドアが開き、新たに人の気配が入ってきた。

よく耳に慣れた気配だった。母だ。

「N、またお茶淹（い）れてたの？」

部屋の前を通り過ぎて台所に行った母は、部屋に籠るNさんにそう呼びかけてから、自分もお茶を飲み始めた。

つい今までここにいた「誰か」の気配は、もう消えていた。

三日目。金曜日も、Nさんは「誰か」の訪問を受けた。

この日、家に上がり込んできた「誰か」は、リビングにも台所にも行かなかった。

最初からNさんの部屋の前で立ち止まり、ドアをこじ開けようとしてきた。

Nさんもそれを予感していたから、あらかじめ手近な本棚をドアの前に移動させて、バリケードを作っていた。

ガタガタとドアが鳴り、本棚が揺れた。Nさんは本棚が倒れないようにしっかりと押さえながら、母が帰ってくるのをひたすら待ち続けた。

四日目。土曜日は、家族が家にいる日だった。

Nさんは一日中部屋に籠っていた。母は時折買い物に出たが、父はずっとリビングにいて、テレビを見たりしてくつろいでいた。

三時が近くなると、Nさんは念のため本棚をドアの前に移動させた。しかし時間になっても、あの「誰か」がやってくる様子はなかった。

この分だと、家族がいる休日は何も起きなそうだ。ひとまず安堵したNさんは、久しぶりに心から怠惰な時間を貪った。

そして——いつしか眠っていた。目が覚めたのは、すっかり夜中になってからのことだ。

あまりお腹は空いていなかった。Nさんは晩ご飯よりも先に、お風呂に入ることにした。

家族が寝静まっていることを物音で確かめてから、替えの下着を手に、そっと部屋を出た。

廊下の明かりは点けずに、そのまま脱衣所に向かった。

脱衣所は、Nさんの部屋の斜め向かい——。玄関へ向かう方とは逆の、リビングに近い側にある。

入って照明のスイッチに触れると、周囲の視界が淡いオレンジ色の光に満たされた。

浴室では換気扇が低い音を立てて回っている。下着を備えつけのカゴに入れると、Nさんは一度トイレへ行ってから、思い出したように自室に戻り、点けっぱなしだった明かりを消した。ついでにドアも閉め、脱衣所に戻った。

今や家の中で明かりが点いているのは、この脱衣所と浴室だけだ。Nさんはもちろん、脱衣所のドアをピタリと閉め、念のため鍵をかけた。

べつに裸体を見られるのが恥ずかしいわけではない。そもそも今、家族の目はない。ただ――落ち着かないのだ。少しでも自分が外界から遮断されていないと。

換気扇はそのままにして、服を脱いで浴室に入る。ひんやりと冷めつつある湿気が足元を伝う。湯船の湯はすっかりぬるくなっている。Nさんにとってはいつものことだ。

軽く体を洗ってから、湯船に浸かった。

熱の抜けた風呂の湯は、どろりとして、さほど気持ちよさは感じなかった。

数分浸かってから湯船を出て、熱いシャワーで身を清めた。

脱衣所に出て、バスタオルで乱雑に体を拭う。そこでふと、壁の時計に目が行った。

――三時だった。

正確には、午前三時だ。

……ガチャリ。

玄関で、鍵が鳴った。

「え……？」

一瞬耳を疑ったが、換気扇の唸りに紛れて聞こえたそれは、間違いなく鍵の音だった。

玄関のドアが、ゆっくりと開かれた。

閉ざされた脱衣所に、ひんやりとした隙間風が流れ込んできた。

Nさんはとっさに脱衣所の明かりを消した。そうしなければ、入ってきた「誰か」に見つかってしまうと察したからだ。

濡れた髪から汗が滴る。Nさんは拭うのも忘れ、真っ暗な脱衣所の中で、息を殺し続けた。

バタン、と玄関が閉まった。ごそごそと靴を脱ぎ、「誰か」が上がってきた。

ぺた、ぺた、ぺた……。

明かりのない廊下を、足音が進む。それはしかし、Nさんのいる脱衣所まで来ることはなかった。

足音が止まったのは、もう少し手前――。Nさんの部屋の前だった。

Nさんは恐る恐る、脱衣所のドアの隙間に顔を押し当て、廊下を覗いてみた。

斜め向かいに、Nさんの部屋がある。だが闇に慣れた目に映ったのは、部屋のドアではなく、そのドアを遮(さえぎ)るようにして佇む、「誰か」だった。

それはただ、黒い影にしか見えなかった。廊下の明かりを消したままにしておいたことを、Nさんは半分後悔し、半分安堵した。

影は、Nさんの部屋をじっと見つめているようだった。しかしドアノブに手をかけ、普通に動くのを確かめると、何の遠慮もなくドアを押し開いた。

そして衣擦れとともに、今は誰もいない真っ暗なNさんの部屋に、すぅっと入っていった。

頭の中が真っ白になった。それを覚ますかのように、バタン、とNさんの部屋のドアが閉ざされた。

内側から、「誰か」によって。

それから――五分もしないうちに、再びドアがそっと開かれた。

しかし、壁とドアの間にわずかな隙間が出来ただけで、中から「誰か」が出てくる様子はなかった。

Nさんは待ち続けた。「誰か」が立ち去るのを。

そのまま十分、二十分……と時間が過ぎていった。

――もう消えてしまっただろうか。

濡れた体を震わせ、じっと廊下の様子を窺いながら、Nさんはそう思った。だが、とりあえず服を着ようかと身じろぎした刹那、再び自室のドアが動いた。

隙間が大きくなり、黒い影がぬっと顔を覗かせた。

そして、まるで辺りの気配を探るかのように首を蠢かせてから、再び中へ引っ込み、バタンとドアを閉めた。

Nさんは――その夜、ずっと脱衣所に籠り続けた。

朝になって母親が起きてくるのを待って、Nさんは脱衣所を出た。

驚く母親に事情を話し、そうしているうちに堰を切ったように涙が溢れてきた。

やがて父親も起きてきたので、三人でNさんの部屋に行ってみた。

中には誰もいなかった。数ヶ月の引きこもり生活で雑然としていたとはいえ、そこに何者かが潜んでいるような気配は、どこにもなかった。

ともあれこの日以来、Nさんは部屋に籠るのをやめた。

学校にも行くようになった。最初は居心地が悪くて、登校せずに外で時間を潰すこともあったが、次第に慣れも手伝って、普通に通えるようになっていった。

ただ――午後三時をだいぶ過ぎるまでは、絶対に家に帰らなかった。「誰か」の訪問は、その後も続いたからだ。

家族が家にいた日の夜は、自室ではなく別の部屋で寝た。翌朝になると、無人だったNさんの自室には必ず、飲みかけのお茶が残されていたそうだ。

○ぬらりひょん

第四十五話　モウサン

もう十五年ほど前になるが、「モウサンという妖怪を知ってますか?」というメールをいただいたことがある。

当時はブログやツイッターなどなく、ネット上で表現の場といえば、ホームページが主流だった。僕もご多分に漏れず、妖怪を題材にしたサイトを運営していたのだが、その時何の前触れもなく来たメールがこれだった。

差出人は、都内在住のMさんというかただった。年齢は、メールを読んだ限りでは、僕より十歳ほど上のようだ。

何でも、小さい頃によく「モウサン」というお化けのことを聞かされた記憶があり、最近になって妖怪事典などで調べたのだが、該当するものが見当たらない。それで気になるので、何でもいいから情報を探している――というのだ。

そういうことならメールで聞くより、サイトの掲示板に書き込んだ方が情報が集まりやすいだろうし、もっと言えば、僕より詳しい人のサイトで聞いた方がいいだろう。

……と、内心そう思いながらも、わざわざ名指しで質問をいただいた嬉しさもあり、ひとまず他の同好の士には相談せず、僕一人で抱え込むことにした。若気の何とやらである。

その後Mさんと、この「モウサン」について、改めてメールでやり取りをした。

Mさんは小学一年生から二年生にかけて、学童クラブに通っていた。昼間家族が不在の小学生を、学校の授業が終わってから夕方まで預かってくれる施設だ。

普段は放課後以外に利用することはなかったが、授業がない夏休みや冬休みの間などは、午前中からこのクラブに通うことになる。そういう場合、昼食後は必ず昼寝の時間が用意されていた。

しかしMさんは寝つきが悪く、他の子達が寝ている間、いつも一人でぼぉっと起きていることが多かった。そうすると必ず先生がそばに来て、「寝ない子には、モウサンが来るよ」と言って脅かしたのだ――という。

なるほど、どうも「モウサン」というのは、子脅しの怪物の一種らしい。

親が子供に、「早く寝ないとお化けが来るぞ」と言って怖がらせる、あれだ。しつけとしては極めてポピュラーな手段で、このタイプの妖怪・怪物の話は世界中に見られる。

日本では、この「お化け」の部分が、地域によって様々な幼児語で呼ばれる。

その中に「モー」「モーレン」「モーコ」など、似たような言い回しの一群がある。

モーレンは「亡霊」のことだろう。モーコは「蒙古（もうこ）」という説もあるが、これに近い幼児語には「モモカ」「モンカ」など、「モモンガ」が訛（なま）ったと思われるものも多く、すべてが一概に「蒙古」由来とは言い難い。

いずれにしても、モウサンが子脅しの怪物であることは、間違いないように思えた。

僕はMさんにそのことを伝え、「差し支えなければ、モウサンのことを話してくれた先生の年齢や出身地を教えていただけませんか？」と尋ねた。民俗学的な好奇心から出た質問だった。

ところが、Mさんから返ってきたメールは、奇妙なものだった。

『――肝心の先生の名前が思い出せないんです』

具体的にどの先生から聞いた話なのか、分からないというのだ。

女の先生だったという朧げな記憶はあるが、顔も声も思い出せない。Mさん以外にモウサンの話を聞かされた子も何人かいたようだが、その子達に連絡を取って聞いてみても、やはりみんな思い出せない。

ただ、顔が大きくて恐かった……という記憶だけは、全員が共通して持っていたようだ。

中には、当時学童クラブで遠足に行った時の集合写真を持っている子もいた。しかし、該当しそうな先生は写っていなかったという。

その後もMさんからの連絡は続いた。

Mさんは両親に当時の話を聞いたり、わざわざ学童クラブに問い合わせたりもしたらしい。しかしあの先生が誰だったのかは、やはり分からなかったそうだ。

ただ――実家を漁っていたら、その先生からもらった年賀状が出てきたという。

差出人の名前は、インクが滲んでいて読み取れなかった。しかし、「寝ない子には、モウサンが来るよ」と書いてあったので、あの先生で間違いない――とMさんは言う。

しかし……果たしてそんなことを年賀状に書く先生がいるのだろうか。

それから一週間後、Mさんから、また連絡があった。

ハガキにあった住所に手紙を送ったら、返事が来たのだという。

差出人の名前は、書かれていなかったそうだ。

ちなみに住所は、都内からは程遠いN県にあった。その先生は、毎日N県から出勤していたとでも言うのだろうか。

不可解な点が多すぎた。それでもメールは、こう締められていた。

『今度会いに行くことになりました』


その後Mさんからのメールが、一度だけ来た。

会いに行くと言っていたあのメールから、十年後のことだ。

新たに来たメールにタイトルはなく、ただ一言、こう書かれていた。

『モウサン』

十年も経って、Mさんは僕に何を伝えたかったのだろうか。

その日はちょうど、僕の親戚に子供が産まれた日でもあった。これは何か関係があるのだろうか。

Mさんからの連絡は、今のところ、それっきりだ。

○元興寺（がごぜ）

第四十六話　糸玉

ボランティアで山の清掃活動をしている、Eさんという男性が、I県の某山でゴミ拾いをした時のことだ。

参加者同士で二人ずつチームを組んで、森に囲まれた登山道を歩きながら、落ちているゴミを拾い集めていた。

Eさんは可燃ゴミの担当だった。対象になるのは、主にタバコの吸い殻や食べ物の包装紙などだが、たまにボロボロの雑誌や衣類など、敢えて捨てにきたとしか思えないようなものも落ちている。

次第にゴミ袋が重くなってきたので、別動隊に渡し、新しいものに交換した。

ちょうど山道の中ほどである。Eさんは、軽くなった袋を手に提げて、小さく息をついた。

……そんな時だ。ふと、辺りの樹に妙なものが引っかかっているのに気づいた。

糸だ。

いや、正確には、「糸状のもの」と呼んだ方がいいかもしれない。

白くて細長い糸のようなものが、そこかしこの枝に絡みついている。

クモの巣ではない。しかし、釣り糸のような人工物とも違うように思える。

植物の一種にも見えたが、どのみち自然にある状態ではなさそうなので、回収することにした。

手に取ってみると、意外と丈夫である。粘り気もない。それを取っては袋に入れ、取っては袋に入れを繰り返すうちに、登山道の周りは取り尽くしたように思えた。

「あっちにもありますね」

チームを組んでいた仲間が、森の中を指して言った。

見れば確かに、登山道を離れた先の樹に、やはり糸が絡みついている。

無視するわけにもいかないので、Eさんは藪をかき分けて、そちらへ向かった。

糸を外して袋に入れ、それから先を見ると、まだ森の奥に糸が続いている。

「ちょっと行けるところまで行ってくる」

Eさんは仲間にそう言い残し、一人で森の中へと分け入っていった。

糸はどこまでも続いていた。初めは一本ずつ樹に絡みついていたのが、奥へ進むにつれて、次第に本数が多くなっていく。

時折、束になって枝からぶら下がっているものもある。

そうかと思うと、やたらと長い一本だけが、まるで蛇が枝を渡るように、複数の樹に跨って絡みついている場合もある。

これでは、やめ時がない。

いったいどこまで続くんだ……と思いながら、Eさんが藪をかき分けて進んでいくと、やがて渓流に出た。

ここにも、糸があった。

川の流れの上に、躍るように幾筋も漂っている。ただ、流されていく様子はない。

根っ子はどこだろう――。

そう思ってEさんは、目を上流の側に向けてみた。

そこに――大きな糸玉があった。

きれいにクルクルと、ボール状に丸められた糸の塊が、流れの中から突き出した岩の上で、水飛沫(みずしぶき)を浴びている。

サイズは、大ぶりのスイカほどもあるだろうか。

落ちている……と言うよりは、置かれている、と言った方がいい気もする。

何だろうと思いながら、Ｅさんはそばに近寄ってみた。

岸の方から片手を伸ばし、糸玉の端(はし)をつかむ。水を含んでいるせいか、重い。

腰に力を入れ、水飛沫の中から、グイッと持ち上げた。

途端に——バラバラッと糸が解けた。

中身が現れた。

それは、長い糸を白髪のように滴らせた、老婆の首だった。

首はＥさんの顔を見て、ニタリと笑った。

思わず喉の奥から悲鳴が迸(ほとばし)った。Ｅさんは、老婆の首とゴミ袋をその場に放り出して、急いで登山道まで逃げ戻ったそうだ。

○ 苧（お）うに

第四十七話　寺に出るもの

ライター業をしている、Oさんの話だ。

ある雑誌の企画で、某県の山寺を取材することになった。

しかも泊まり込みである。現地までの交通の便が悪いため、日帰りは厳しい……というのが実情だったが、「それならいっそ先方にお願いして、泊めてもらったらどうか」という編集長の提案もあって、問答無用で、寺で一夜を過ごすことになった。

ただし一人ではなく、気心の知れた若手編集者のB君も一緒だという。

多少気を楽にしながら、OさんはB君とともに、取材先の寺へ赴いた。

紅葉の美しい、秋のことだった。

山の麓(ふもと)の駐車場に車を停め、そこからは徒歩で山頂へ向かうことになる。

山道はきちんと整備されているが、長い石段になっているため、どのみちきついことには変わりない。

「こういう石段って、途中で休憩したらいけないような気になりますよね」

「ていうか休憩する場所ないじゃん」

そんなことを言い合っているうちはよかったが、次第に腿(もも)が上がらなくなるにつれて、口数も減っていく。

やがて頂上に着いた頃には、二人ともすっかりふらふらになっていた。

そんなOさん達を、住職は快く迎えてくれた。

一息ついた後、さっそく取材が始まった。もっともこれ自体は、特に変わったことはなかったそうなので、割愛したい。

取材を終えた頃には、だいぶ日が傾いていた。

どうやら食事の支度が始まったようで、年若い修行僧達が、くるくると忙しそうに働いている。

「手伝いましょうか?」と尋ねてみたが、「これも修行の一環です」と言うので、そのままお任せすることにした。

支度が整うまでの間、OさんとB君は、通された一室で時間を潰すことになった。この部屋が、今夜二人が寝る場所になるようだ。

畳敷きの小さな座敷である。出入り口は障子戸が一箇所にあるのみだ。

二人で細かい打ち合わせを済ませ、そこでB君がトイレに行きたいと言い出したので、Oさんも同行することにした。

トイレは本堂の裏手から、庭の飛び石を伝っていった先にあった。外である。

最初にB君が入ったので、Oさんは表で待つことにした。

陽が落ちた秋の山は、ずいぶんと肌寒い。

きちんと上着を着て出てくればよかったな……と思いながら、Oさんが身を縮こまらせて、飛び石の上に佇んでいると、B君がそそくさとトイレから出てきた。

心なしか、慌てているように見える。

「Oさん、今、窓から僕のこと覗いてませんでした？」

「何で男のトイレなんか覗くんだよ」

「女なら覗くんですか？」

「覗かねぇよ」

そんな軽口を交わしつつ、わけを聞いてみると、たった今トイレの格子窓の外に、誰かが立っていたのだという。

ガラスのはまっていない、木の格子一枚で隔てられた外に、はっきりと何者かの息遣いがあった。

暗くて相手の姿は見えなかったが、しかし、その人物が中を覗いているのは、明らかなように思えた——とのことだ。

「でも、俺以外は誰もいなかったよ」

Oさんがそう言うと、B君は「やっぱりOさんが犯人じゃないですか」と真顔で返してきた。

そこは否定しつつ——この時はまだ、冗談を言い合う余裕があったのだ、と思う。


夜更けのことだ。

寺の消灯は早い。二人とも九時には布団に入ったが、どうにも寝つけない。

薄い障子越しに入り込んでくる廊下の寒さが、どうしても眠気を削ぐ。それに疲れこそ溜まっているものの、このような非日常的空間では、どうしても脳が興奮してしまうものだ。

仕方なく二人で、小声で下らないお喋りをしていた。

……その時だ。不意に外の廊下から、何かが聞こえてきたのが分かった。

人の声である。

思わず二人して押し黙った。

声は低くぼそぼそとしていて、何を言っているのかまでは、聞き取れない。

しかし、何なのかは分かる。あまりにも独特のリズムがあったからだ。

「……お経、ですよね？」

B君が、擦れた声で言った。

Oさんも、無言で頷いた。

廊下から聞こえてくる声は、確かに読経のようだ。

「寺なんだから、経ぐらい聞こえてもいいじゃん」

「みんなもう寝てる時間にですか？」

その疑問は、もっともだった。

Oさんは息を殺し、耳をそばだてた。

読経は、次第にこの部屋に近づいてきている。

男の声だ。そもそもこの寺には、男しかいないが――。

……ふと障子越しの廊下に、ぼぉっと明かりが灯るのが見えた。

照明が点いたのではない。火だ。

小さな火が揺らめきながら、廊下をゆっくりと移動している。

どうやら誰かが、手に燭台を持って、障子の向こうにいるらしい。揺れる火に合わせて、人の形をした影が、くっきりと映って見える。

影は、坊主頭をしていた。

それが障子の前で、ピタリと足を止めた。

同時に読経がやんだ。

――まずい。

本能的にそう察して、Oさんは急いで布団を頭から被(かぶ)った。

直後、カタッ……と、障子の動く気配があった。

ひゅうひゅうと、隙間風の音が部屋に響いた。

ただしそれ以上は、何も起きない。

……入ってくるわけではないのか。

……入らずに、覗いているのか。

Oさんは布団の中で身じろぎもせず、得体の知れない何かが立ち去るのを、じっと待った。

風の音は、そのまま一分ほど続いた。

やがて、ぴたっ……と障子が戻る音がして、風はやんだ。

再び読経が始まった。それはゆっくりと廊下を歩き、遠ざかっていくように思えた。

――もう大丈夫かな。

Oさんは恐る恐る、布団から顔を出した。

すでに火は見えない。やはり、行ってしまったようだ。

思わず、深く息を吐いた。肌寒い夜だというのに、全身が汗ばんでいる。

「……何だったのかな、今の」

Oさんは小声で言いながら、B君の方を見た。

B君は――黙っていた。

布団から体を起こしたまま、石のように強張(こわば)っている。

「どうしたの、B君」

「……目が、合っちゃいました」

B君が、震え声で応えた。

どうやら、例の読経の主と、直接顔を見合わせてしまったらしい。

「障子がこう、一センチほど開いたんです。その隙間の向こうにアレがまっすぐ立って、顔をピッタリと付けて、中を覗いてきて……」

「どんなやつだった？」

「……片目と鼻と口が見えました」

「そりゃそうだろ」

間の抜けた答えに、Oさんは脱力した。特に突飛なものがいたわけではなかったようだ。

だとしたら、実際は怪しい出来事でも何でもなかったのかもしれない。

例えば今のは住職で、修行僧や客がきちんと寝たかどうかを確かめるために、巡回していた――。

そう解釈することだって、できるわけだ。

「ほら、修学旅行の時、消灯の後で先生が部屋を回ってたろ？　あんな感じだよ」

Oさんはそう言ったが、B君は納得していないのか、ずっと強張り続けていた。


ともあれその夜は、これ以上奇妙な出来事は起こらなかった。

翌朝になってOさんは、住職に、昨夜の話をしてみた。

ああ、あれは私ですよ――とは、ならなかった。

住職は、少し決まり悪そうな素振りを見せながら、こう答えた。

「あれは、私の父――先代の住職だと思うのです」

もちろんその先代は、すでに他界されているという。

しかし、息子である今の住職や、若い僧達の修行を見守るためか、今でもあのように、寺の中を歩き回っているらしい。

「このことはご内密にお願いします。坊主の父親が化けて出るなんて世間に知れたら、笑いものになりますからな」

話の最後に、住職はＯさんに、そう釘を刺した。

冗談のようにも聞こえるが――実際のところ、悪評が立って檀家を失えば、寺としては死活問題になる。それを案じているのだろう。

Ｏさんも何となく察して、「分かってます」と頷いた。

それから朝食を終えると、Ｏさん達は住職に礼を言って、寺を後にした。

下りの石段で、Ｂ君は、ずっと無言だった。

登りに比べて遥かに楽なのに、冗談の一つも出てこないのは、やはり幽霊を見てしまったショックからか。

Ｏさんはそう思ったのだが――。

麓に着き、停めておいた車に乗ったところで、Ｂ君がおずおずと話しかけてきた。

「……Ｏさん、一つ確かめたいんですけど」

「どうしたの?」

「幽霊って、要するに人間ですよね?」

「死んだ人間なんだから、まあ、一応人間って言えるよな」

「ってことは、少なくとも、人間の形はしてるはずですよね？」

「……どういうこと？」

「あの、昨日も言ったと思うんですけど――」

――障子が一センチほど開いて、そこに片目と鼻と口が見えた。

「Oさん、人間がまっすぐ立って、一センチの隙間に顔を押しつけてきたとしたら、その顔はどんな風に見えると思います？」

「…………」

「僕が見た顔って、明らかに形が人間じゃないんですよ」

――あれは本当に、ご住職のお父さんだったんですかね。

B君のその言葉に思わずゾクリとして、それからOさんも、車の中ではずっと無言だったそうだ。

○青坊主（あおぼうず）

第四十八話　日が悪い

Ｋ君という男性が、中学三年生の時に体験した出来事だ。

当時のクラスメイトに、Ａさんという女子がいた。

顔立ちの整ったきれいな子で、Ｋ君も密かに気になっていたのだが、その彼女には、少し奇妙なところがあった。

学校を、よく休むのだ。

それも、尋常な頻度ではない。月に数度、ほぼ毎週一回は必ず休む。

曜日は決まっていない。月曜日からいきなり休んだかと思えば、金曜日まできちんと出席していて、土曜日だけ突然姿を見せないこともある。

初めは、サボりか登校拒否か……と思ったが、先生に聞いてみると、どうやら「家庭の事情」らしいと分かった。

もっとも、それがどのような事情なのかは、さすがに詳しく教えてもらえなかった。

「個人的なことだろうから、あまり深入りするな」

そのようなことを言われただけで、すぐに追い返された。しかし先生の言い回しから思うに、もしかしたら先生も、Ａさんの「家庭の事情」が何なのかは、よく知らなかったのかもしれない。

結局――Ｋ君は納得できず、Ａさんに直接尋ねてみることにした。

休み時間のことだった。

一人で席に座っているAさんに近寄って、多少緊張しながらも話しかけてみると、Aさんは少し驚いたような顔をした。

どうやら、誰かから声をかけられるなど、思ってもみなかったようだ。

そう言えば、彼女が友達と話しているところを、K君は一度も見たことがない。

ともあれ、できるだけ不自然さのないよう装いながら、K君はAさんと、簡単な会話を交わした。

その中で、やはりできるだけ自然に、K君は尋ねた。

「そういえば、よく休むよね。何か用事でもあるの？」

するとAさんは真顔で、こう答えたという。

「――日が、悪かったから」

それだけだった。

どういう意味かは分からないまま、そこで休み時間が終わり、会話は途切れた。

ただその後、二人の会話を眺めていた別のクラスメイトから、「あまりAさんとは関わらない方がいいよ」と密かに忠告された。

何でもAさんの家は宗教関係の施設だそうで、それもあって、いろいろとよくない噂が囁(ささや)かれていたようだ。

もちろん宗教と関わっているからと言って、偏見の目で見るのは間違いだろう。しかし、彼女の「日が悪い」という言葉の意味不明さが、「宗教」というキーワードと結びついた途端、不意にしっくり来てしまったのも、事実だった。

それに後で調べてみたところ、「日が悪い」という言葉は、もともと占いの世界などで使われるものらしい。早い話が、「アンラッキーデイ」だ。

とは言え――それで学校を休むというのも、いささか行きすぎている気がする。

何にせよ、これでK君の興味が尽きることはなかった。

そもそも、密かに思いを寄せていた女子との会話が成立したわけだから、他人から「関わるな」と言われたところで、素直に従えるわけがない。

K君はそれからも、事あるごとに、Aさんに話しかけた。

Aさんも特に迷惑には思っていなかったようで、次第に硬さも薄れ、向こうから話しかけてくることも増えていった。

順調――と呼べる状態だったのだろう。

だから、というわけでもないが、ある時K君は、Aさんを遊びに誘ってみたという。

一学期の期末試験が終わった直後だった。夏休みに入れば、塾の夏期講習なども始まり、お互いに忙しくなる。遊ぶならこのタイミングがベストだろう、と踏んだわけだ。

二人で繁華街をぶらつこうと言うと、Aさんも笑顔で頷いてくれた。

しかし――日取りを決めかけた途端に、彼女は真顔で、こう言った。

「ごめん、そこは、日が悪い」

唯一都合が合うはずだった日曜日のデートは、こうしてあっさりと流れた。


ただ――その流れた日曜日に、K君は不可解なものを見たという。

近所のスーパーで買い物をして、その帰り道のことだ。

たまたまAさんの住所の近くを歩いていた時だ。

――あ、この辺りに住んでるのかな。

そう思いながら、何となく辺りに目を走らせていると、ふと道路を挟んだ向かいの歩道を、Aさんが一人で歩いているのが見えた。

声をかけようかと思ったが、少し距離がある。そばに横断歩道があったので、急いで渡って追いかけようとした。

……そこで、思わず足が止まった。

遠目に見たAさんの横顔に、違和感がある。

唇が――なぜだか異様に、赤い。

口紅を塗ったように、と言えば聞こえはいいが、まるで唇全体が血に染まっているように見える。

それに、もし口紅だとしたら、そもそも顔全体に化粧をするのではないか。

Aさんは、ここから見る限り、化粧などしていない。

ただ唇だけを、毒々しく真っ赤に膨れ上がらせている。

何だか――あまりに異様に思えて、K君は声をかけるのを諦めて、その場を立ち去った。

その翌日、学校でAさんに昨日のことを聞いてみると、「それは私じゃない」と言われた。

「でも、そっくりだったよ」

「私じゃないよ。私、昨日は家から一歩も出てないから」

ずっと家にいた、という。

日が悪かったから――だそうだ。

Aさんはそれから、「昨日見たものは誰にも言わない方がいい」とだけ告げ、それ以上は何も語らなかった。

その後夏休みが始まると、Aさんと会う機会は、すぐになくなった。

当時は今と違ってネットがなく、気軽にメッセージのやり取りをすることもできない。せいぜい自宅に電話をかけるぐらいだが、その場合、どうしても相手の家族の反応が気になる。

そもそも――「Aさんの自宅」というだけで、K君は、どこか逃げ腰になってしまっていた。やはり、宗教施設である、というのが枷になっていたのだろう。

そのまま一ヶ月以上が過ぎた。八月も終わりに近づいた、ある日の昼下がりのことだ。

突然Aさんの方から、K君の自宅に電話がかかってきた。

今から会えないか――という。

K君は驚きながらも、冗談めかして尋ねた。

「今日は、日はいいの?」

『日は……悪い』

しかし、会いたいのだという。

とりあえず、近くの小さな神社で待ち合わせることにした。K君は急いで身支度を整え、表に出た。

異様に暑い午後だった。

少し歩くだけで滴る汗を拭いながら、K君が神社に着くと、境内の片隅にAさんが立っていた。

昼が――血塗られたように、真っ赤だった。

K君はギョッとして、鳥居に入る寸前で足を止めた。

……同時にすぐ背後で、けたたましいブレーキ音が鳴り響いた。

ハッとして振り返った瞬間、全身に衝撃が走った。

自転車だった。

猛スピードで道を走ってきた自転車が、Ｋ君を撥ねたのだ。

Ｋ君は激しく転倒し、地面に仰向けになった。

起き上がろうとすると、猛烈な痛みが足を襲った。

目に涙を滲ませながら、Ａさんに助けを求めようと、境内を見た。

だがそこには、Ａさんの姿など、どこにもなかった。


Ｋ君は、足を骨折していた。

自転車の主はすでに逃げ去っていたため、轢き逃げ事件として捜査されたが、犯人は見つからなかった。

しかしＫ君にとっては、些細なことでしかなかった。

それよりも遥かに重たい出来事が、起きてしまったからだ。

Ａさんが――亡くなったのだ。

……いや、正確には「亡くなっていた」と言うべきか。

Ｋ君と会うために家を出て、すぐのことだったという。

車に撥ねられて、即死だったらしい。

だが事故を知ったＡさんのご両親は、娘の死を嘆くことなく、こう呟いたそうだ。

「――日が悪いから、あれほど出ては駄目だと言ったのに」

……何でも、Ａさんはご両親の意見を無視して、無理やり外に出ていったらしい。

――もう「お告げ」など聞きたくない。

――私は自由に出歩きたい。

夏休みに入ってからというもの、Aさんは懸命に、ご両親に向かってそう訴えていたそうだ。

彼女はついに、その想いを実行に移したのだろう。

K君に会いにいく、という形で――。


足が治った後、K君は初めて、Aさんの家を訪ねた。

せめて焼香でも上げられれば、と思ったのだが、あいにくAさんの家に仏壇はなかった。

ただ――見たことのない祭壇のようなものなら、あった。

いつか見た唇の色と同じ、毒々しい赤に塗られた祭壇だった。

「本日は××様がおわしますので、どうぞお参りを――」

Aさんのご両親は、K君に祭壇を見せ、そう促したそうだ。

××の部分は、よく聞き取れなかった。

ご両親曰く、××様が出歩いている日は、人は外出を控えた方がいいらしい。

K君は――適当に話を切り上げ、早々にAさんの家を出た。

そしてやり切れない思いのまま、残りの中学生活を送ったという。


……ただそれからも、真っ赤な唇のAさんが外を歩いているところは、何度か目撃したそうだ。

○赤舌（あかした）

第四十九話　ぐるぐる巻き

女性会社員のKさんが、まだ小学生だった頃の話だ。

当時のKさんは、いわゆる「鍵っ子」だった。

母親と二人暮らしで、その母親が昼間は仕事で家にいないため、学校から帰ってきても一人きりである。

もっとも、それで寂しいと感じたことはなかったそうだ。外で友達と遊ぶこともあったが、大抵はテレビを見たりゲームで遊んだりと、夜母親が帰ってくるまで、一人で自由気ままに過ごしていたという。

住んでいる場所は都内の団地だった。時々同じ階に住む世話焼きのおばさんが、作りすぎた煮物などを持ってきてくれた。今にして思えば、子供が一人だけでいるのを心配して、様子を見にきてくれていたのだろう。

そんなKさんだが——三年生のある日を境に、家に一人でいることができなくなったという。

放課後、Kさんがいつものように、学校から団地に戻ってきた時のことだ。

一階でエレベーターに乗ろうとすると、ふと後ろから、カツカツと靴の鳴る音が聞こえてきた。

誰かが一緒に乗ろうとしているのだと思い、中で「開」ボタンを押して待っていると、案の定、Kさんの後に続いて、すぅっと入ってきた者がいた。

その姿を見て――Kさんは思わず強張った。

相手は、黒い背広の男だった。

ずいぶんと背が高い。手には何も持っていない。

しかし、問題はそこではない。顔だ。

顔が、包帯でぐるぐる巻きになっている。

いや――顔と言うよりは、首から上すべて、と言った方がいいかもしれない。

髪の毛から顎の先に至るまで、すべてが真っ白な包帯で、ぐるぐると覆い尽くされているのだ。

……思わず逃げ出したくなった。

しかし、すでに自分が降りる七階のボタンを押してしまっている。

それに――もしここで自分が逃げ出したら、この男の人はどう思うだろうか。

きっとこの人は、顔に大きな怪我をしているに違いない。それを怖がって逃げたりしたら、この人を傷つけてしまうのではないか……。

Kさんがそう思った時だ。男の手がすうっと伸びてきて、「閉」ボタンを押した。

……逃げられなくなった。

閉まる扉を前にして、Kさんは強張ったまま、立ち尽くした。

男の指が、続いて八階を押した。Kさんより一つ上の階だ。

エレベーターが動き出した。

男は、エレベーターの奥に立った。

Kさんはそっと、扉の真正面に移動した。七階に着いたらすぐに降りられるようにと、そのまま扉を向いて立つ。

包帯の男は、すぐ真後ろにいる。

エレベーターの窓に、じっと佇む姿が映って見える。

……だが、ここでKさんは、妙なことに気づいた。

男の包帯の量が、いくら何でも多すぎるのだ。

隙間がまったくない。目も、鼻も、口も、耳も、輪郭も——すべてが包帯の奥底に隠れてしまっている。

まるで、包帯で出来た真っ白なボールが、人間の胴体の上に載っているかのようだ。

この人は、どうやって周りを見ているのだろう。

この人は、どうやって音を聞いているのだろう。

この人は、どうやって息をしているのだろう。

この人は——いや、何なのだろう。

不意に恐怖が込み上げてきた。その時だ。

扉の窓に映る男が、ゆっくりと動き出した。

両腕を持ち上げ、自分の頭に手をかける。

包帯をつかむ。

それを——ぐるぐると、解き始めた。

真っ白な包帯が、男の頭から少しずつ剝がれていく。

Kさんは、とっさに視線を逸らせた。

どうして男が、こんなエレベーターの中で、いきなり包帯を解き始めたのか。

Kさんに見せるため——としか思えない。

……見たくない。

包帯の下にどんな顔が隠れているのかは、分からない。しかしどうあれ、まともな状況ではない。

モソモソと包帯の擦れる音が、すぐ背後で鳴っている。思わず全身が粟立つ。

その時だ。ようやくエレベーターが七階に着いた。

扉が開いた。Kさんは走って飛び出した。

すぐ後ろから、カツカツと、男がついて降りてくる音がした。

——何で？

——八階に行くんじゃないの？

叫びたくなる声を抑えながら、Kさんは自分の部屋の前まで走った。

カツカツと、靴の音が迫ってくる。

震える指で鍵を取り出した。だが鍵穴に挿し込もうとした途端、手が滑り、足元に鍵を落とした。

身を屈めて拾うのと、すぐ間近で男が足を止めるのと、同時だった。

Kさんは——ギュッと目を瞑った。

目を瞑ったまま、素早く鍵を開けた。

毎日繰り返してきたからこそ、できた動きだった。

ドアを開け、隙間から一気に部屋に滑り込んだ。

後ろ手にドアを閉めた瞬間、ドンッ、と何かがドア越しにぶつかってきた。

急いで鍵をかけ、靴を放り出すように脱ぎ捨てて、部屋の奥に逃げた。

ドンッ、とドアがもう一度鳴った。それから二度、インターホンが押された。

すべて無視した。

全身の震えが治まらないまま、Ｋさんは男が立ち去るのを待ち続けた。

……やがて二十分が過ぎた。

玄関からの物音は、いつしか消えていた。

ランドセルを背負ったままだったのに気づいて、Ｋさんはそれを下ろした。それから冷蔵庫の牛乳を一杯飲んで、ようやく震えが治まった。

……さっきのは、何だったんだろう。

思い出すだけで涙が滲み出てくる。頭の中がグチャグチャになりそうだ。

せめて、気を紛らわしたい――。

Ｋさんはそう思って、テレビのリモコンに手を伸ばした。

そこで――不意にインターホンが鳴った。

ひぃっ、と思わず小さな悲鳴が漏れた。

しかし、続いて玄関から聞こえてきたのは、Ｋさんがよく慣れ親しんだ声だった。

「Ｋちゃんいる？　××だけど」

それは同じ階に住んでいる、例の世話焼きのおばさんだった。

「カレー作ったんだけど、ちょっと多く作りすぎちゃったの。よかったらどうぞ」

いつもの調子で、おばさんはドア越しに語りかけてきた。

普段は「おせっかいな人だな」と思うこともあったが、今のＫさんにとっては、まさに天の助けだった。

「今開けます」

そう返事をして、Ｋさんは小走りで玄関に向かい、ドアを押し開けた。

そこには——首から上が包帯でぐるぐる巻きになったおばさんが、立っていた。

あっ、と叫ぶ間もなかった。

おばさんは……いや、おばさんのふりをした何かは、Kさんの見ている前で、凄(すさ)まじい勢いで包帯を解き始めた。

Kさんはすぐさま目を伏せ、ドアを閉めた。

「Kちゃん、閉めないでよ。見てよ。ねえ、顔見てよ」

おばさんに似た声が騒ぎ立てる。

Kさんはもう一度鍵をかけ、部屋の奥へ逃げた。

壁にもたれ、膝を抱えて座り込む。できるだけ身を縮こまらせ、悪意のある声から、少しでも遠ざかろうとする。

やがておばさんの声が聞こえなくなっても、Kさんは座ったまま、動かなかった。

それから——どれほど時が経っただろうか。

ふと、ドアを叩く音で目を覚ました。

いつの間にか眠っていたらしい。窓の外は、すっかり暗くなっている。

母親の声がする。玄関からだ。

「K、開けて?」

帰ってきたんだ——。

Kさんは思わず立ち上がり、玄関に走ろうとした。

しかし——そこでふと気づき、踏み止(とど)まった。

……どうして、自分で開けないんだろう。鍵は持っているはずなのに。

「お母さん？」

恐る恐る、ドア越しに声をかける。

本物だろうか。もしかしたら、またアレが来たのでは……。

「ちょっと手が塞がってるの。K、開けて？」

母親の声が繰り返す。

Kさんは、息を殺すようにして、ドアスコープから外を覗いてみた。

小さなレンズのすぐ先に、母親の笑顔があった。何の変哲もない——しかし今はとても心強い、笑顔が。

「お母さんっ——」

思わず涙が溢れそうになった。Kさんはすべての恐怖を忘れ、ドアを押し開いた。

「ただいま、K」

笑顔で、母親が言った。

笑顔の下にある体すべてが、包帯でぐるぐる巻きだった。

もはや人の形かどうかも怪しい、ぼってりとした巨大な包帯の塊が、母親の笑顔だけをちょこんと載せて、ドアの前に広がっていた。

強張ったKさんの目の前で、包帯がバラバラと解け落ちた。

Kさんは——意識を失った。

気がつくと、Kさんは病院のベッドにいた。

あの後帰ってきた本物の母親が、玄関で倒れているKさんを見つけて、慌てて救急車を呼んだらしい。

幸い気を失っただけで、体に異常はなかった。ただ、Kさんの記憶は、一部がすっぽりと抜け落ちていた。

あの包帯の下に何があったのか――。確かに見たはずなのに、思い出せない。

何かとてつもなく怖いものを見たのは、間違いない。しかし思い出そうとすると、それが母親の笑顔にすり替わってしまう。

包帯の下には、巨大な笑顔があった――。そんな奇怪な記憶が、Kさんの頭を埋め尽くす。

結局アレが何だったのかは、最後まで分からなかった。

ただそれ以来、Kさんは学校が終わると、母親が帰ってくるまで、おばさんの部屋で過ごすようになったという。

○ぬっぺっぽう

第五十話　ベビーカー

U君という男性が、大学生だった頃の話だ。

当時U君が所属していたゼミに、Sさんという女子がいた。

明るく可愛らしい子で、U君とはとりわけ仲が良かったが、交際していたわけではない。

ただ、U君の方には割とその気があって、何かと理由をつけてSさんと一緒にいたがったのは、確かだ。

そんな二人が海へ遊びにいくことになったのは、二年生の夏休みのことだ。

もっとも、二人きりではない。他の学生仲間も交えてのキャンプである。しかしU君にとっては、Sさんと距離を縮める、まさに千載一遇のチャンスだったと言える。

場所は、S県にある海沿いのキャンプ場だった。テントではなくコテージなので、面倒な設営作業もなく、到着した直後から海水浴を楽しんだ。

夜はバーベキューで盛り上がった。

U君は、程よくアルコールが回ったところで、Sさんに声をかけ、二人でビーチに散歩に出た。

月が煌々(こうこう)と眩(まばゆ)かった。

彼方に陽が沈んでなお、波は輝きを帯び、黒い砂浜を静かに縁(ふち)取っている。

U君は散策用の懐中電灯を手に、Sさんと並んで歩いた。

歩きながら、他愛もないお喋(しゃべ)りをした。Sさんは、楽しそうに笑っていた。

気がつけば、辺りに人の気配はなかった。

U君は急(せ)き立てられるような想いで、Sさんの方に向き直った。

何か言おうとした。何でもいいから、ムードのある台詞(せりふ)を。

しかし――あいにくその台詞が固まる前に、Sさんが「あっ」と声を上げた。

U君が彼女の視線を追うと、ちょうど自分の手にした懐中電灯が、何かを照らしているところだった。

静かな波打ち際に、それはあった。

……ベビーカーだ。

黒い布張りの箱形ベッドに、幌(ほろ)とハンドル、車輪が付いただけの、簡素なものだ。今時あまり見かけない、かなり古いタイプである。

それがずぶ濡れで、砂浜に置かれている。

一見打ち捨てられたものに思えた。SさんはU君のもとを離れ、そっとベビーカーに近寄っていった。

「……空っぽだよ」

懐中電灯でベッドを照らしながら、U君が言った。

ベッドの中は、これまた水気を含んだ毛布が敷かれているばかりで、赤ん坊が寝ている様子はない。……いや、もしこの中に赤ん坊がいたら、それこそ事件だろう。

「ただの不法投棄だよ。行こう」

そう言ってSさんを促す。Sさんは頷いてこちらに戻りながらも、明らかにベビーカーを気にした様子で、ちらちら振り返っている。

すでにムードを出せる雰囲気ではなかった。

Ｕ君は半ば諦め気味になりつつ、「戻ろう」と笑顔でＳさんに言った。

砂浜に点々と、二人の来た足跡が残っている。それを逆に辿（たど）れば、キャンプ場に戻れるはずだ。

Ｕ君はＳさんの前に立って、再び歩き始めた。

彼女の足音を背中に聞きながら――ふと今のベビーカーのことが、気になった。

……あれは本当に、不法投棄なのだろうか。

そもそもこんな観光地の砂浜に、あんな大きなものを堂々と捨てていく人がいるのか。むしろ、何らかの理由で海に落ちたものが波で打ち上げられた、と考えた方が自然ではないか。

何らかの理由……。少なくとも、ベビーカーだけが海に落ちるという状況は、あまり思いつかない。

妙に寒気がした。きっと海風のせいだ、と思おうとした。

気になって、ベビーカーの方を振り向いた。

……後ろでＳさんも、ベビーカーの方を見ていた。

体はこちらに向け、Ｕ君に付いて歩きながら、首だけが、まるで捻（ね）じれたようにグネリと曲がり、背後に広がる夜の砂浜を見つめていた。

すでにベビーカーは闇に呑まれ、見えなくなっていた。むしろ、Ｓさんの捻じれた形の方が不気味に思えて、Ｕ君はすぐ正面に向き直った。

キャンプ場に戻るまで、二人は口を利かなかった。


その後仲間達と合流した時には、Ｓさんは普段と変わらない様子に戻っていた。

二人きりでどこに行っていたんだ、という周りの冷やかしを笑顔であしらいながら、バーベキューの残りを摘まんでいる。そんな彼女の姿に安堵(あんど)を覚える。

U君は、ベビーカーのことは誰にも話さずに、胸にしまっておいた。

ところが――それから数時間が経った、夜更け近くのことだ。

Sさんがふらりとコテージを出ていったきり、行方が分からなくなった。

初めは誰もが、コンビニにでも行ったのだろう、と思っていた。ところが一時間経っても戻ってくる様子がなく、携帯電話にメッセージを送っても返事がないため、さすがにみんな騒ぎ出した。

ちなみに彼女の荷物は、残されたままである。だから、突然帰路に就いたとも考えにくい。

ただ、女子の一人が妙なことを口にした。

「Sさん、食べ物持っていってた気がする」

何でもSさんがコテージを出ていく時、食料の入ったクーラーボックスを担いでいたのを見た、という。

U君は他の男子達と手分けして、Sさんを捜しにいくことにした。

各々が懐中電灯を手に、コテージの周囲を回る。しかし、Sさんの姿はない。

どこか心当たりはないか。そう考えるうちに――ふとU君は、悪寒を覚えた。

……もしかしたら、あそこではないのか。

嫌な予感に苛(さいな)まれながら、U君は砂浜を急いだ。

潮が先程よりも満ちていた。ビーチサンダルの底に砂が吸いつき、時折爪先に波が触れる。歩くそばから、自分の足跡が洗い流されていくのが分かる。

それでも懐中電灯を正面に向けて進み続けていると、やがて波打ち際に、誰かが蹲(うずくま)っているのが見えた。

Ｓさんだ。

砂の上に体育座りをして、ジーンズのお尻を波で濡らしながら、じっと闇の向こうを見つめている。

いや、おそらくは、その先にあるベビーカーを……。

「Ｓさん！」

Ｕ君が叫んだ。Ｓさんは、振り返らない。

横には、彼女の持ち出したクーラーボックスが、口を開けたまま放り出されている。

中身が入っていない。Ｕ君は不審に思い、辺りに光を走らせた。

あの濡れたベビーカーが見えた。やはり、Ｓさんの視線の先にある。

問題は、その中身だった。

……食料が、詰まっていた。

濡れた布張りの黒い箱形ベッドの中に、生の米や野菜、調味料のボトル、缶ビールなどが、出鱈目(でたらめ)に詰め込まれている。中には、バーベキューの残りと思(おぼ)しき、焼け焦げた肉もある。

明らかに、Ｓさんがクーラーボックスから移したのだ。

「Ｓさん、これどうしたの……？」

Ｕ君が尋ねる。Ｓさんはベビーカーを見つめたまま、虚(うつ)ろな声で答えた。

「――この子が、お腹が空(す)いたって言うから」

……この子って誰だよ。

すぐにそんな台詞が出かかったが、得体の知れない恐怖がそれを阻んだ。

U君は急いで、他の男子達の携帯電話に連絡した。それからSさんを立たせて、空のクーラーボックスを担ぐ。

ベビーカーから食料を回収するべきか、一瞬迷った。しかし、駄目になっているもの以外は、やはり持ち帰るべきだろう、と思った。

おそらくSさんを無事に連れて帰ったとしても、食べ物をすべて捨ててきたと知れれば、みんなとひと悶着起きかねない。それはU君にとっても、望まないことだった。

缶やボトルなど、パッケージされたものを選んで、クーラーボックスに戻す。Sさんはその作業を黙って眺めていたが、どこか非難するような眼差しだったのは、確かだ。

U君は居たたまれない気持ちになりながら、Sさんの手を引いて、キャンプ場に戻った。

みんなが迎えに出てきていたので、女子達にSさんを託して先にコテージに戻らせ、残った男子達に事情を説明した。

当然すぐには信じてもらえなかった。しかし、Sさんの様子が普段と違うのは、誰が見ても明らかだった。

とにかく彼女が無事でよかった——ということで、その場は収まった。

もっとも一夜明けてみれば、Sさんは何事もなかったかのように、元の様子に戻っていた。

U君が恐る恐る昨夜のことを尋ねても、「私ちょっと変だったよね」と笑うばかりである。何でも、「あのベビーカーに赤ん坊がいて、お腹を空かせている」というおかしな錯覚に陥って、ついあんな奇行に走ってしまったらしい。

記憶や自覚がしっかりあるのなら、もうあんなことはしないだろう——。U君はそう考え、今度こそ安堵した。

ちなみに、朝になってから男子が何人かで例のベビーカーを見にいったが、そんなものは砂浜のどこにもなかった、ということだ。あわよくば残った食料も回収するつもりでいたそうだが、きっと波にさらわれてしまったのだろう。

ともあれ、こうしてU君達のキャンプは幕を閉じた。

しかし——この奇怪な話は、これだけでは終わらなかった。

キャンプから戻って数日が経った頃だ。

突然、Sさんと連絡が取れなくなった。

U君がこの異変に気づいたきっかけは、他の女子友達から来たメールだった。

『Sさんに電話してるのに繋がらない。U君、何か知らない？』

そう言われて、自分もSさんにメールを送っているのに、なかなか返事が来ないことに思い至った。

いや、メールの返事が遅れるぐらいならともかく、電話にも出ないというのは、少しおかしい。

そう思っていると、今度はまた別の友達から問い合わせがあった。

Sさんと同じアルバイト先に勤務している学生だ。何でも、Sさんがここ数日、ずっと無断欠勤しているという。

やはりおかしい。U君は急いで、Sさんの携帯電話にかけてみた。

……出ない。さらに家の固定電話にもかけてみる。

……こちらも、誰も出ない。

U君は直接、Sさんの家に行ってみることにした。

彼女は大学近くのアパートで一人暮らしをしている。以前飲み会の後で終電を逃し、何人かで泊まったこともある。場所もU君の家からそう離れていないし、今は事情が事情なので、気後れは一切なかった。

自転車を飛ばし、程なくして彼女のアパートに着いた。

部屋の前まで行って、インターホンを鳴らす。返事はない。

声をかけてからドアノブに触れると、鍵はかかっていなかった。

恐る恐るドアを開けた。中は夏だというのにひんやりとして、妙に暗い。どうやらカーテンが閉まっているらしい。

同時に、海水特有の有機的な刺激臭が、鼻を突いた。

何でこんな臭いが……と訝(いぶか)しがりながら、暗がりに目を凝らす。

リビングの手前で、誰かがこちらに背を向けて体育座りをしているのが分かる。

Sさんだ。

もう一度背中越しに声をかける。だが彼女は、微動だにしない。

いったいどうしたのだろう、と、U君は彼女の視線の先に目を向けた。

……ベビーカーがあった。

あの時と同じずぶ濡れの形で、リビングの中央に、ずっしりと置かれていた。

思わず「ひっ」と喉の奥から息が漏れた。

箱形のベッドの中に、また何かが詰まっている。

剝(む)き出しのパン、生魚、菓子、ジュースのボトル、カットフルーツ……。いずれもSさんが入れたものに違いない。一部は傷み始めているのか、海水の臭いに混じって、微かな腐臭を漂わせている。

「Sさん！」

U君が叫ぶと、Sさんはようやく、ゆっくりとこちらを向いた。

暗くて表情は見えない。

「Sさん、どういうことだよ、これ！」

悲鳴に近い声で、U君は尋ねた。しかし実際のところ疑問が多すぎて、何をどう聞いていいのか分からない。

なぜ、ここにベビーカーがあるのか。

なぜまた、食料が詰まっているのか。

Sさんはいったい、どうしてしまったのか。

「……お腹が空いたって言うの。この子が」

やはりあの時と同じ、虚ろな声が返ってきた。U君は泣きそうになりながら、急いでベビーカーに駆け寄った。

「これ、捨ててくるよ！」

そう叫び、ベビーカーのハンドルに手をかける。手の平にぬるりとした感触が走る。藻が張りついているのか、あるいはハンドルそのものが海水で腐っているのか。それでもU君は臆さぬよう努め、ベビーカーをグイッと押そうとした。

……しかし、動かない。

どんなに力を込めても、ベビーカーはギシギシと軋(きし)むばかりで、微動だにしない。

よく見れば、車輪がひしゃげている。これでは動くはずがない。

「Sさん、これ、どうやって運んできたの……？」

U君が尋ねる。Sさんは、抑揚のない声で答えた。

「……私が運んできたんじゃない」

「え？」

「……押してきたの。この子の、お、お母さん、が」

「…………」

「……この子にもっと食べさせて、って、そう言って」

それからSさんは、ひぃひぃひぃ、と奇妙な声で笑い始めた。

どんなに呼びかけても、体を揺さぶっても、笑い声がやむ様子はなかった。

U君は――逃げ出した。


ここからは、U君が人伝に聞いた話だ。

U君がSさんのアパートから逃げた翌日、彼女は病院に搬送されたという。通報したのは、やはり様子を見に訪ねた別の友人だった。何でも、その時点でSさんの意識はなかったそうだ。

Sさんは、ベビーカーのベッドに上半身を突っ込み、ぐったりしていた。

ちなみにベビーカーの中は、空っぽだった。病院で意識を取り戻したSさんは、「もう全部食べ尽くして、他にあげられるものがなかった」と呟いたそうだ。

その言葉の意味が理解できる者は、誰もいなかった。しかしSさんはそれ以上語らず、ずっとぼんやりしたまま、我に返る様子はなかったという。

以降、彼女との連絡は、完全に取れなくなった。夏休みが終わっても大学には姿を見せず、アパートは引き払われ、そのまま休学扱いになった。後の消息は不明である。

ちなみに問題のベビーカーは、いつの間にか消えていたそうだ。Sさんのご両親がアパートを訪ねてきた時には、そんなものはどこにもなかった――ということだ。

……あのベビーカーは、いったい何だったのだろう。

……Sさんの心を蝕(むしば)んだのは、やはりあのベビーカーだったのか。

……もしそうだったとして、自分はどうすれば、Sさんを守れたのだろう。

U君は当時のことを思い出すたびに、そんな苦悩に苛まれる。

ただ――一方で、まだこの事件は終わっていない、とも言う。

今でもたまに、深夜に自宅の家の窓から外を見ると、あの空っぽのベビーカーを伴った女が道に佇み、こちらをじっと見つめているそうだ。

女はずぶ濡れで、なぜかSさんにそっくりである。

U君はいつも、見ないふりをしてやり過ごす。

……声をかけたい、という想いはある。しかし一度でも声をかけてしまうと、今度は自分が食われる番になる――。

そんな気がしてならないからだ。

○牛鬼（うしおに）

第五十一話　不可解な話

第四十六話「糸玉」を、少しだけ彷彿させる話である。

僕の知人に、Fさんという男性がいる。

某大学に研究員として勤めていらっしゃるかただが、このFさんから、どうにも居心地の悪い、不可解な話を聞かされた。

……以前Fさんが、プライベートでN県に行った時のことだ。

目的は、某山中にある史跡の見学だったが、その際に奇妙なものを見たという。

糸が――樹々に絡みついていた、というのだ。

「糸玉の話、あったじゃないですか。あれと同じ感じですよ」

かつて僕から聞いた怪談を挙げて、Fさんはそう説明した。

しかし「糸玉」は、I県での話である。Fさんが行ったN県とは、だいぶ離れている。

いや、もちろん場所が違うからと言って、まったく同じことが起こらないという保証はないのだが――。

とにかくFさんの話では、白い糸のようなものが、そこかしこの樹に絡みつきながら、山奥の方に伸びていたのだという。

ただ、釣り糸やクモの巣ではない。もちろん髪の毛でもない。

「植物の繊維——。綿とか苧麻とか、そういうやつじゃないかなって思ったんです」

Ｆさんは、そう解釈した。

ちなみに苧麻というのは、植物の名前である。繊維を取り出して糸状にし、織物などに用いる。

昔の日本ではメジャーな素材だったが、今では合成繊維に取って代わられがちである。

もっとも、いくら植物由来だからと言って、糸が山の樹々に絡みついている理由がない。

ともあれ——Ｆさんは、辿っていったそうだ。

山道の途中に、鬱蒼とした細い枝道があり、糸はそちらの方に向かっていた。だから、藪の中を掻き分ける心配はなかった。

それでもだいぶ進むと、道は行き止まりになっていたらしい。

いや、道そのものが途切れていたわけではない。途中に金網で出来た背の高いフェンスがあって、それ以上は進めなかった——というのだ。

しかし研究者としての血が騒いだのか、Ｆさんは「ここまで来て引き返すのはもったいない」と、金網越しに奥を覗いてみたそうだ。

そこに——。

家があった、という。

山小屋ではない。平屋建てだが、和風の立派な屋敷だったそうだ。

ただ、塀はなかった。

玄関の扉は閉ざされている。日中だが、窓や雨戸もすべて閉まっているように見えた。

糸は金網を突き抜けて、その家まで続いていた。

そして、家の外壁に、ぐるぐると巻きついていた——そうだ。

……正直、どう解釈していいか分からなかった、とFさんは言った。

家に巻きついた糸の量は、尋常ではなかった。

よく蔦(つた)の絡みついた建物があるが、あれを想像してもらえばいいという。

ただしそのような建物は、出入り口が確保できているだけ、まだましである。

この家は、その出入り口すらない。

扉も、窓も、雨戸も――すべてが閉ざされた上で、そこに糸が巻きつき、人の出入りを完全に封じてしまっているのだ。

まるで家全体が、巨大なクモの巣に囚われたようにも見えた。

しかも、このフェンスである。誰がなぜこのような状況を作ったのかは分からないが、とにかくあの家は、かなり厳重に封印されているもののようだ。

……これ以上調べるとしたら、あとはフェンスを乗り越えるしかない。

Fさんは少し迷ったが――さすがに引き返すことにしたそうだ。

とりあえずスマートフォンで、家の動画と写真を撮った。そして、いずれまた来ようと思いながら、引き返しかけた時だ。

不意に――声がした、という。

ただし、人の声ではない。

犬の吠え声だったそうだ。

ひとたび始まった吠え声は、そのまま狂ったように、延々と続いた。

野犬かと思ったが、どうやら森ではなく、あの家の中から聞こえているようだ。

Fさんはもう一度、家の方に目を凝らしてみた。

あの中に、犬がいるのだろうか。

すべての出入り口を封じられた、あの家の中に……。

……そう思っているうちに、Fさんは何だか、不可思議な気持ちになってきた。

ずっと続いている犬の吠え声が、次第に別のものに変わっていくように、感じられる。

――人だ。

Fさんは、そう思ったそうだ。

犬ではない。あれは人の声だ、と――。

人が、犬のような声で叫んでいるのだ、と――。

そう考えた途端、気味が悪くなった。

引き返そう、と今度こそ思って、フェンスに背を向けた。

その刹那――。

ピタリと、吠え声がやんだ。

そしてはっきりと、聞こえた。

「――モ」

……間違いなくそれは、人の声だったそうだ。

仮名にしてただ一文字のこの声が、Fさんには異様に恐ろしく感じられて、すぐにその場から逃げ出した――ということだ。

さて、問題はここからである。

山を下りたFさんのスマートフォンには、撮影したはずの家の動画と写真が、まったく残されていなかった。

もちろん自分で削除したわけではない。つまり、何らかの理由で自動的に消滅した——ということになる。

それでもFさんは、自分の目で見たものが事実だったことを確かめようと、後日もう一度、この山に登ってみたそうだ。

しかし、家を見つけることはできなかった。

まず、目印の糸がなかった。それでも例の枝道を見つけ出して奥へ向かったが、途中で普通に藪に行き当たり、それ以上は何もなかったという。

その後、麓（ふもと）の役所に行って確かめたが、その山に家などないし、フェンスを建てたこともないと言われた。もちろん地元の図書館やネット上にも、それらしき情報はなく、結局家の正体はつかめないまま終わった——というわけだ。

……ただ、手ぶらで帰ってきたわけでもなかった。

「枝道の奥で、こんなものを拾ったんですよ。これをどうしても見せたくて」

そう言ってFさんが僕に見せたのは、一枚のメモ紙だった。

……ここから先は、正直どう解釈していいものか、本当に分からない。

Fさんが見せてくれたメモには、赤のボールペンで、メールアドレスだけが書かれていた。

そのアドレスが——なぜか、僕のものなのだ。

どういうことなのだろう。

少なくとも僕は、その山に登ったことは、一度もないのだが。

それとも知らず知らずのうちに、僕が例の家にまつわる怪異に関わっていた、とでも言うのだろうか。

ただ幸い——かどうかは分からないが、そのメモに書かれていたアドレスは、現在僕が使用しているものではなかった。数年前に解約した、昔のアドレスである。

だから、たとえ誰かが、そこにメールや別の何かを送ったとしても、絶対に僕のもとには届かないのだが——。

いずれにせよ、もうこの件には、触れるべきではないのかもしれない。

したがって、ここで怪談として紹介した上で、ひとまず忘れようと思う。

……これ以上何事もなければ、の話だが。

○うわん

おわりに

怪談を書いてみたい、と僕が思ったのは、いつの頃からだったろうか。

もともと怖い話は好きで、それこそ幼少期から、お化けの本を読み漁っていた。当時は昔話や妖怪図鑑が主だったが、成長するにつれて、本格的なホラー漫画やホラー小説、都市伝説に怪談実話……と、いろいろな恐怖を幅広く求めるようになっていった。

やがて僕が作家になり、しばらく経った頃、ＫＡＤＯＫＡＷＡが「カクヨム」というウェブ小説投稿サイトを起ち上げた。僕はその「カクヨム」を通じて、ついに趣味で書いた怪談を公開するようになった。

それが「夜行奇談」——つまり本作である。

もともとライトノベルでデビューした僕にとって、怪談を書くのは初めてで、最初はだいぶ手探りでの執筆だった。しかし幸い読者の皆様にご好評をいただき、今回は書籍化までしていただけることとなった。まことにありがたいことである。

なおウェブ版で完結した「夜行奇談」には、全二百三のエピソードが掲載されている。したがってこの本に収録されているのはごく一部……なのだが、代わりに本書では、いくつかのエピソードを書き下ろしのものに差し替えてある。ちょっとした購入特典みたいなものなので、これはこれでお楽しみいただければと思う。

さて、この「夜行奇談」には、ある仕掛けが施されている。

すでに本編をお読みになったかたはお気づきのとおり、ここに集められたすべての怪談が、実は古典的な妖怪達と結びついているのだ。

妖怪にお詳しいかたであれば、「鳥山石燕」の名を挙げれば、ピンと来るかもしれない。いや、特に詳しくないというかたでも、各エピソードに「得体」として添えられた妖怪達の姿を、いくつかはご存じのことだろう。

得体の知れない不気味な現代怪談の正体が、実は古典的な妖怪譚だったら面白いのではないか。あるいは、誰もが見慣れた妖怪であっても、得体が分からなければ充分恐ろしくなるのではないか――。そんな風に考えながら、いろいろな妖怪を現代怪談とリンクさせてみた次第だ。

例えば、「第四十九話　ぐるぐる巻き」が分かりやすいだろうか。

このエピソードでは得体として、「ぬっぺっぽう」という妖怪を載せている。ぬっぺっぽうとは、いわゆるのっぺらぼうのこと。のっぺらぼうが登場する怪談と言えば、やはり小泉八雲の「貉」が思い出される。

だから「貉」とよく似た「ぐるぐる巻き」は、ぬっぺっぽうの話だ、と解釈することにした。

逆に分かりにくい例もある。その一つが「第十六話　雪山の灯」だ。

ここでの得体は、「鼬」という妖怪になっている。貂は実在する動物だが、かつては鼬と混同され、怪を為すと言われていた。例えば挿絵にもあるように、寄り集まって火柱を起こすなどとされた。また一部の地域では、雪崩で死んだ者の亡霊が貂になるという伝承がある。

これらを踏まえて、「雪山の灯」を鼬の話とした次第だ。

他にも得体との繋がりが分かりにくいエピソードはある。例えば「第二十八話　欠けていく」はどうだろうか。

この話で得体としてご紹介しているのは、「鉄鼠（てつそ）」という妖怪だ。鉄鼠というのは、園城寺（おんじょうじ）の高僧・頼豪阿闍梨（らいごうあじゃり）が、対立関係にあった延暦寺（えんりゃくじ）に恨みを抱いて死んだ後、大鼠（おおねずみ）に化けたものである。そして無数の鼠を率いて延暦寺を襲撃し、経典や仏像を食い荒らしたという。

一方「欠けていく」では、地蔵がボロボロに欠けていくという奇怪な現象が起きる。しかし隣に猫の慰霊碑を建てたところ、その現象がピタリとやんだ、という話だ。

もしかしたら、地蔵は鼠の化け物に食い荒らされていたのかもしれない——。だからこのエピソードは鉄鼠の話である、と解釈したわけだ。

とまあそんな感じで、この本に収録された五十一の怪談は、いずれも何らかの妖怪と結びついたものになっている。そのすべてをここで解説することは、ページ数の都合で敵（かな）わないが、もしご興味があれば、各エピソードの妖怪達のことをお調べになってみると、面白いかもしれない。

なお、誤解のないようにお断りしておくと、この「夜行奇談」は、日本古来の妖怪達をモチーフにした創作怪談集……というわけではない。ここに収録されたエピソードは、あくまで「実際にあったとされていること」をベースにしたものばかりである。

そもそも妖怪とて元を辿れば、かつてまことしやかに語られていた数々の怪談を、当時の人々が解き明かそうとした——。その産物なのである。

だから、油断は禁物だ。たとえ古典的な妖怪といえども、それは今の世に、あなたの前に、いきなり姿を現すかもしれない。

本書で語られた数々のエピソードのように、得体の知れない不気味な怪談に形を変えて……。

本作はＷＥＢ小説サイト「カクヨム」に掲載された作品を加筆修正したものです。
「合宿所の怪」「ハト屋敷」「ベビーカー」は書き下ろし。

装幀　渋井史生
図版　鳥山石燕
「画図百鬼夜行 陰」……スミソニアン図書館・文書館所蔵
「画図百鬼夜行 陽」……東京藝術大学附属図書館所蔵
「画図百鬼夜行 風」……スミソニアン図書館・文書館所蔵

東 亮太（あずま　りょうた）
東京都生まれ。第10回スニーカー大賞“奨励賞”を受賞した『マキゾエホリック』で2006年にデビュー。著書に「妄想少女」「リバース；エンド」「闇堕ち騎士がダンジョン始めました!!」「異世界妖怪サモナー」各シリーズ、『オーク先生のJKハーレムにようこそ！』等のライトノベル作品の他、水木しげる原作／絵のノベライズ『ゲゲゲの鬼太郎おばけ塾 豆腐小僧の巻』『ゲゲゲの鬼太郎おばけ塾 妖怪大相撲の巻』がある。

夜行奇談（やぎょうきだん）

2023年 8月 2日　初版発行

著者／東 亮太（あずまりょうた）

発行者／山下直久

発行／株式会社KADOKAWA
〒102-8177　東京都千代田区富士見2-13-3
電話　0570-002-301（ナビダイヤル）

印刷所／旭印刷株式会社

製本所／本間製本株式会社

●お問い合わせ
https://www.kadokawa.co.jp/（「お問い合わせ」へお進みください）
※内容によっては、お答えできない場合があります。
※サポートは日本国内のみとさせていただきます。
※Japanese text only

定価はカバーに表示してあります。

ISBN 978-4-04-113803-8　C0093